学会赚钱

王岩鹏 / 编著

群言出版社
QUNYAN PRESS
·北京·

图书在版编目（CIP）数据

学会赚钱 / 王岩鹏编著 . -- 北京：群言出版社，
2025.5. -- ISBN 978-7-5193-1075-2

Ⅰ . F830.59

中国国家版本馆 CIP 数据核字第 2025L3P953 号

责任编辑：李　群
封面设计：仙境设计

出版发行　群言出版社
地　　址　北京市东城区东厂胡同北巷 1 号（100006）
网　　址　www.qypublish.com（官网书城）
电子信箱　qunyancbs@126.com
联系电话　010-65267783　65263836
法律顾问　北京法政安邦律师事务所
经　　销　全国新华书店

印　　刷　三河市金泰源印务有限公司
版　　次　2025 年 5 月第 1 版
印　　次　2025 年 5 月第 1 次印刷
开　　本　710mm×1000mm　1/16
印　　张　10
字　　数　148 千字
书　　号　ISBN 978-7-5193-1075-2
定　　价　59.80 元

【版权所有，侵权必究】

如有印装质量问题，请与本社发行部联系调换，电话：010-65263836

前言

"金钱不是万能的，没有金钱却是万万不能的。"这句话虽然有些夸张，但是道出了许多人的真实感受。金钱作为现代社会运转的基础，既是个人物质需求的保障，也是实现个人梦想的基石。然而，真正理解如何获取、管理和利用金钱，则是一项需要不断学习的艺术。

在现代社会，我们经常会听到这样的故事：某人凭借一个创新的想法在互联网上迅速致富；某个普通人通过投资股市实现了财务自由；还有人通过不懈努力，最终创立了自己的企业帝国。这些故事让人振奋，同时也引发了我们的思考：赚钱，究竟是一种天赋，还是一门可以学习的技能？

对于大多数人来说，赚钱的过程远比想象中复杂。它不仅涉及获得收入，还关乎如何规划未来、管理风险、提升自我价值，以及创造更有意义的生活。在这个过程中，我们会遇到各种挑战，包括如何平衡短期需求与长期目标，如何在充满不确定性的环境中做出明智决策，以及面对失败与挫折如何保持积极的心态等。

正是在这样的背景下，这本书应运而生。我们坚信，赚钱并非少数人的特权，通过学习和实践，每个人都有可能改善自己的财务状况，并最终实现个人梦想。

然而，真正赚到钱并不仅是选择一个投资方向或增加一份兼职那么简单。用工作时间换取金钱，需要更深层次的认知与规划。许多人对于选择赚钱项目感到迷茫，不确定自己应该做什么、最适合做什么，也不清楚什么能够真正带来收益。实际上，探寻盈利之道需要科学、理性的分析与审慎的态度。在决定踏入哪个行业或领域之前，我们应当进行全面而细致的分析与研究，确保所选的方向不仅符合个人的兴趣与专长，同时也具备可观的市场前景与发展潜力。

其实，想要了解这些问题，就需要对当前的资本环境和运作模式做一个大致的了解，然后把握以下几个原理。

信息就是财路——掌握更丰富的信息资源，便能将这些信息转化为财富。无论是文字、图片还是视频，都有可能直接转变为经济收益。当然，这需要构建有效的转化渠道，并借助一个合适的平台来实现这一过程。

流量就是财富——吸引并带动更多的人，将能够占据更大的市场份额。寻找和创造流量是实现盈利的关键途径之一。

能力就是机会——在当今社会，盈利的途径多种多样，经营领域广泛，不存在一成不变的模式或界限。每个人都有机会盈利，关键在于如何充分利用个人的能力和优势，打造一个独特且有竞争力的个人品牌，从而在激烈的市场竞争中占据一席之地。

思维就是高度——相较于能力上的优势，思维层次的提升往往对个人的成长产生更为深远的影响。通常而言，那些具备更高层次思维和多维度思考能力的人，在选择行业和实现盈利的过程中，能够拥有更广阔的视野，发现更大的商机，并且能够更有效地推动业务的发展。

平台就是资源——在行业项目经营和选择的过程中，平台的重要性不容小觑。无论是写作、直播还是电商等平台，它们都为经营者提供了更优越的机会和资源。因此，能够找到并利用更优质的平台，通常意味着能够掌握更丰富的资源。

以上这些内容，基本上构成了本书的框架，可以说整本书都是围绕着这些内容来展开的。正因为如此，本书重点从个人的财富观、信息渠道、战略规划、能力提升、风险控制、思维层次、发展副业等多个方面入手，全方位介绍了实现盈利的注意事项和方法。读者可以从本书获得很多实用的经营方法、经营理念和投资逻辑。不仅如此，书本的最后还特意留出一个章节重点介绍常见且实用的盈利项目，供读者参考和学习。另外，本书讲述了很多现实案例，选取的问题也紧贴生活，容易引起读者的共鸣。

为了让读者更易于理解书中的观点和内容，作者特意用通俗易懂的语言来阐述相关的理论，整体文风朴实无华，确保读者在阅读和理解时不会遇到障碍。在阅读和学习书中的投资方法时，读者应养成将理论与实践相结合的习惯，确保理论知识能够指导投资行动，并进行具体问题具体分析，从而真正构建一套适合自己的经营体系。

CONTENTS 目录

第一章　创新收入来源，重塑财富理念

拓展营收渠道，不要将鸡蛋放在一个篮子里　　/002
副业，财富增长的重要驱动力　　/005
职业转型与终身学习是持续增长的财富源泉　　/008
个人品牌与数字平台，新时代的财富加速器　　/011
收入多元化，探索无限的赚钱可能　　/015

第二章　拓展信息渠道，把握财富增长新机遇

关注宏观环境，寻求时代发展的风口　　/020
做好市场调研工作，了解市场行情　　/024
利用数字化工具获得所需信息　　/027
搭建优质人脉网，获得更好的资源　　/030
从竞争对手那里获得有价值的信息　　/033

第三章　立足长远，制定财富增长战略规划

持之以恒，将小项目一点点做大　　/038
长线作业，不要被短期利益迷惑　　/041

选择那些更能持久发展的项目　　　　　　　　　　　　/044
打造核心竞争力，为持续发展奠定基础　　　　　　　　/047
利益共享才能把生意越做越大　　　　　　　　　　　　/050

第四章　充实自己，提升经营赚钱所需的能力

掌握讲故事的技巧，积极引流　　　　　　　　　　　　/054
提升资源整合能力，确保资源效用最大化　　　　　　　/057
打造多维度的知识结构，提升分析能力　　　　　　　　/061
掌握自我包装的能力，打造最佳的身份　　　　　　　　/064
深化团队管理的能力，提高团队运作的效率　　　　　　/067

第五章　掌握财富增长节奏，强化风险管理

避免涉足完全陌生的领域　　　　　　　　　　　　　　/072
列出资产组合清单，重点关注收益最大的项目　　　　　/075
寻找最能发挥自身优势的项目　　　　　　　　　　　　/078
给自己设定一个合理的心理账户　　　　　　　　　　　/081
寻求预期价值最高的决策，而非成功概率最大的决策　　/084
对自己的操作进行复盘　　　　　　　　　　　　　　　/087

第六章　思维革新，掌握财富倍增法则

主动借贷与融资，利用他人资金创造财富　　　　　　　/092
利用别人的产品赚钱，尽量降低成本　　　　　　　　　/095
雇用他人以增加被动收入　　　　　　　　　　　　　　/098
培养复利思维，找到财富积累的秘诀　　　　　　　　　/101
采用蓝海战略进行规划　　　　　　　　　　　　　　　/104

第七章　副业经营，拓宽财富增长渠道

合理安排时间，协调好主副业的工作　　/108

打造主业和副业的产业链，拓展盈利空间　　/111

做好主业和副业的身份转换　　/114

经营副业，不要有备胎思维　　/117

寻求时机，将副业转化成主业　　/120

第八章　常见的赚钱项目与成功案例

场景式社交与电商的结合：直播带货　　/126

自我抒发与表达的需求：写文章　　/130

解决跨地域的购物难题：代购　　/134

在家里就可以接受教育：在线教育　　/137

做一个快乐的二手房东：包租　　/140

风险偏好者的游戏：股票投资　　/143

后记　掌握财富增长的各个阶段　　/146

第一章

创新收入来源，重塑财富理念

在这个不断变化的时代，技术的飞速进步和社会经济的迅猛发展正在深刻地改变着我们的工作模式和收入方式。人们对财富的理解也在经历着悄然的转变。从传统的"朝九晚五"工作制到灵活多变的远程办公，从依赖单一工资收入到探索多元化的创收途径，每个人都有可能成为自己财务命运的主宰。这一切变革的核心在于创新收入来源和重塑我们的财富观念，以适应未来社会经济的发展趋势。本章将引导你探索那些打破传统思维的创新方法，鼓励你跳出舒适区，勇敢尝试不同的策略来增加收入，并重新定义成功的含义——它不仅仅是物质财富的积累，更是对个人成长和幸福生活的追求。让我们一起拥抱变革，开启财富创造的新篇章！

拓展营收渠道，
不要将鸡蛋放在一个篮子里

日益增大的经济压力使人们的生活充满了挑战。从日常开销到房贷、车贷，再到子女教育等家庭支出，每一项费用都像是一座沉重的山，压得人们喘不过气。尽管我国经济持续增长，但仍有大量人口处于较低收入水平；数据显示，全国月收入低于1000元的人口数量庞大，这凸显了收入分配不均的问题。此外，根据国家统计局发布的最新调查报告，2023年度城镇私营单位就业人员的年平均工资仅为68 340元，这意味着其月平均工资尚不足6000元。在物价不断上涨、生活成本日益增加的背景下，许多女性因育儿责任而不得不离开职场，这使得仅依赖单一收入来源维持家庭生计变得更加困难。

随着社会的发展，越来越多的人开始寻求多元化的收入渠道。许多年轻人一踏入社会，便开始探索多种创收途径。他们这样做，一方面是因为经济压力大，迫切需要开源；另一方面是担心单一的收入来源安全性不足。《2019年两栖青年金融需求调查研究》显示，主业月收入在8000元以下的青年当中，大约有53.31%的人选择了投资副业，收入不高成了拓展副业最重要的动力。另外，越来越多的人担心自己的主业失去了优势，或者自己失去了创收能力，将会遭遇严重的经济问题。

例如，在2008年全球金融危机期间，许多家庭因资产配置过于单一而破产。这些家庭将大部分积蓄投资于房产，而家庭成员仅依赖主业收入，没有其他营收渠道。金融危机爆发后，企业倒闭，大量人口失业，许多人无法偿还房贷，最终不得不宣告破产。

考虑到创收和风险问题，人们应当积极寻求拓展多元化的财富通道，打造更加丰富的资产组合。将收入分散投资于两种或多种不同的资产类别，可以有效地在收益与风险之间达成一种理想的平衡状态。

以房地产投资为例，许多人的主要收入来源是房地产市场。在房地产市场繁荣的时期，房地产投资往往能带来高额回报，导致投资者倾向于将所有资金投入房地产，而这种投资策略也确实为他们带来了丰厚的利润。然而，随着房地产泡沫的膨胀，无选择地投资和持有大量房产变得风险极高。那些继续持有大量房产或者在高位上投资房产的人，通常会被套牢。不仅仅是房产，在其他领域和行业也是一样，单一的资产配置往往会对个人财富和家庭的财务安全构成严重威胁。一旦主业或者单一的项目遭遇意外事件的冲击，就会彻底丧失创造财富的能力。

聪明的人会选择分散投资，积极拓展营收渠道，将自己的资金分散到其他不同类型的投资项目上，打造属于自己的副业。事实上，投资选项繁多，无论是同一行业的多样化项目还是跨行业的不同项目，都可作为投资对象。然而，在做出任何投资决策时，我们必须评估自己的能力是否匹配（包括资金规模、专业技能、管理能力以及可用的时间和精力），同时考虑该投资是否有助于财富增长，以及投资风险是否在可控范围内。正因为如此，普通家庭的资产组合也应该更加合理。同样，主业和副业之间应该形成一种平衡，资产组合也应该更加合理。

按照这样的标准，人们可以遵循黄金三原则来搭配自己的资产，明确自己的资产拓展方向。

原则一：跨资产类别配置

简单来说，确保投资组合中包含多种资产类型是至关重要的，包括但不限于房产、证券、股票、国债、保险、工资、投资和银行理财产品。在构建一个均衡的投资组合时，通常会涵盖保险保障资产、固定收益产品、二级市场工具以及房地产金融产品等不同类别的资产。每种资产类别都带有其特定的风险和收益特征，因此，通过合理搭配这些资产，可以在风险和收益之间找到平衡点。

例如，如果某人专职于股票和基金交易，他可以考虑投资餐饮业或涉足房地产投资领域。

原则二：跨地域国别配置

真正的投资大师不会将投资局限在国内市场，也不会持有单一货币的资产，他们会努力拓展国际市场、接轨国际市场，进行跨地域投资，并通过持有多种货币来降低国内外资产之间的关联性，分散汇率风险。如果有条件拓展自己的投资渠道，投资者应将视野扩展到国际市场上，例如参与外汇交易、购买海外房产、在国外设立工厂，或涉足国际贸易。这些都能够有效降低投资风险，增加自己的收入。在市场环境变化下，如国内市场低迷或国外市场展现出更大的投资潜力时，进行海外投资便成为一个明智的选择。

原则三：另类资产配置

在经济条件允许的情况下，投资人可以尝试投资另类资产，并做好另类资产的分配和管理工作。另类资产通常以私募股权、母基金和风险投资为主。这类资产的收益非常高，但风险系数同样比较高，因此更适合那些风险承受能力较强以及经济基础雄厚的投资者。在考虑是否要投资高风险项目的时候，不同的人会有不同的想法，风险偏好者与稳健保守的投资人肯定会存在思维上的差别。为了对风险进行合理控制，投资者可以依据80定律进行操作。80定律是风险投资的一个参考模式，主要用来评估个人和投资机构的风险承受能力，具体的计算方式就是用80减去投资者的年龄，然后用得出来的数字乘以百分百。

比如，有一个40岁的中年投资者，他投资高风险项目的比重在总资产中的合理比重应该是40%；到了50岁的时候，高风险投资比例就降到30%。很显然，随着年龄的增加，个人的抗风险能力逐渐减弱，因此应相应减少风险投资的比例，并相应增加保险类资产的配置。需要注意的是，一些非常年轻的投资者偏好风险游戏，但是缺乏投资和管理资产的经验，这个时候应该控制好风险投资比例，而不能盲目按照80定律来操作。

资产组合的黄金三原则强调了资产多样化搭配与组合的可能性，迎合了不同阶层投资人和创业者的需求，对对外投资具有巨大的指导意义。

副业，财富增长的重要驱动力

在《富爸爸财务自由之路》一书中，作者谈到了实现财富自由所需要的生钱之道，并且对不同收入阶层的人做了明确的划分。作者认为收入模式以及收入来源的不同决定了人们在财富积累方面的差距，而这些差距使得人们被划分成了四个不同的象限：雇员、自由职业者、企业所有人、投资者。

大多数人处在雇员和自由职业者的象限，而位于这两个象限的人往往很难实现财务自由。他们对于财富的需求比较大，但与此同时又往往缺乏对资本的掌控和敏锐的投资意识，更多时候，他们只是兢兢业业地做自己的工作，每天按部就班获得有限的工资和收益。

然而，财富的积累并非只有一种模式，也不应受限于单一的途径。真正实现了财务自由的人，要么是在某一领域达到了专业精进和市场垄断的水平，要么是开辟了多条财富增长的路径。考虑到多数人仍旧属于雇员和自由职业者的阶段，无法在精进和规模上形成优势，最佳的方式就是开源，即开拓新的赚钱项目。

谈到新的赚钱项目，普通人最先想到的往往是开辟副业。无论是利用业余时间从事线上教学、内容创作，还是投身电商或手工艺品销售，这些灵活多样的副业形式不仅符合现代人的生活方式，也为个人兴趣与职业技能提供了变现的机会。

尽管选择副业意味着面对种种不确定性和挑战，也意味着在有限的时间与精力中寻求最优分配方案，但这些挑战和尝试正是普通人追求经济自主与提高生活质量的关键步骤。从长远来看，成功驾驭副业的人不仅能获得工资之外的额外收入，还能收获个人成长与自我实现的满足感，为自己的人生增添更多可能性。

显然，副业不仅仅是一项经济活动，更成为个人能力拓展和社会价值创造的一个重要环节。

比如，许多中学教师在假期会选择从事副业，如写作投稿、摆摊、投资，尤其是在一些较大的城市。他们的工资可能在6000～7000元之间，这样的收入在城市中并不高。为了补贴家用，他们从事一些兼职或者投资显得至关重要。

现在的短视频非常火爆，很多上班族在工作之余都会拍摄一些有趣或者有意义的短视频，通过播放量来获得粉丝。等粉丝数量增长到一个较大的基数时，个人的品牌就建立起来，短视频就会成为盈利的新途径。

副业的主要功能就是增加财富，确保资产的积累速度更快，这一个基本特性对每个人都是相同的。许多人对副业存在误解，认为只有经济条件较差、尚未实现财务自由的人才需要副业。然而，实际上，经济条件较好的人往往对副业更感兴趣。副业是财商的重要组成部分，高财商的人对财富有着更高层次和更敏锐的追求，而财商较低的人则可能受限于固定单一的工作，难以突破。

尽管没有一个准确的统计数据，但人们普遍认为许多高端人才、创业者、投资人倾向于拥有多元化的投资项目，并习惯将副业作为额外的经济来源。例如，很多身家亿万的大企业家都拥有自己的公司和产业，但他们仍旧会投资股票，或者打造属于自己的酒庄和农场。

追求副业不仅是财富增长的需求，也不必然反映追求者资金短缺。人们之所以对副业感兴趣，更多是出于构建一个更完善、更安全的资产体系的愿望。通常，发展副业可以丰富自己的资产组合，从而强化抵御风险的能力。比如，依靠副业赚来的钱可以增强个人的经济实力，也可以有效补充到主要的生产活动当中去，尤其是当主业受到挫折时，副业的收益会成为一个有效的补充。还有一点，将资金和精力分散到副业当中去，可以起到分摊投资风险的作用，避免失去主要收入之后陷入困境。另外，副业所拓展的财富增长点，毫无疑问可以成为一个潜在的保障。

在中国，每年都有很多企业和家庭宣告破产，而这些企业和家庭在某种程度上都存在单一的投资倾向或者单一的资产结构。当这种单一的结构受到抑制或者失去活力的时候，资产就会被迫压缩，这个时候迫切需要有其他的财富通道来解决问题。

综上所述，一个合理的健全的家庭资产体系，一定包含了开源与节流两个层面的内容。其中，开源是最重要的，它是激发家庭资产活性的先决条件，也是促使家庭资产正向发展的关键。尽管多数情况下，人们无法在副业当中投入更大的精力、时间和成本，它的收益可能也非常有限，但即便是有限的财富增加，也可以在一个长期的、良好的习惯中实现资产的积累。

职业转型与终身学习
是持续增长的财富源泉

在经济全球化的背景下,个人职业生涯的发展已不再局限于传统的线性模式,而呈现出多样性和动态性的特点。职业选择的重要性显而易见,它不仅影响着个人的职业满意度,还直接关系到个人的职业前景。然而,在职业生涯的早期阶段,由于缺乏足够的行业经验和自我认知,许多人可能会误入不适合自己的行业。随着时间的推移,当他们发现当前职业无法满足个人追求或职业发展的需求时,职业转型便成为一种必然的选择。

实际上,职业转型是一项复杂的系统工程,它要求个人不仅要具备敏锐的市场洞察力,还要有强大的适应能力和持续学习的态度。例如,随着科技进步和全球经济格局的变化,某些传统行业如制造业,正面临转型升级的压力,而新兴行业如人工智能、大数据分析、清洁能源、生物医药等,则展现出强劲的发展势头。对于那些在传统行业工作的人来说,如果他们发现自己对现有的工作缺乏热情,或是感受到了行业衰退所带来的不确定性,那么转向这些新兴领域便成为一种可行的选择。

同时,所处行业的整体发展趋势也直接影响着个人的职业前景。某些传统行业,如土木工程或化学,虽然稳定且具有不可替代的社会价值,但由于技术更新速度相对较慢,市场变化不大,因此从业人员的薪资和福利待遇水平可能相对较低。相比之下,处于快速发展期的新兴行业如互联网、人工智能等,不仅带来了更多的就业机会,而且薪酬水平普遍较高,为从业者提供了更好的福利待遇和更为广阔的上升空间。

这一对比更加凸显了职业转型的重要性——在合适的时候跳出舒适区,勇敢迈向更具发展潜力的领域，这不仅是提升个人收入的有效途径，更是实现自我价值、追求职业满意度的关键步骤。然而，职业转型并非易事，它要求个体具备清晰的职业规划意识、不断学习新知识的能力，以及面对未知挑战的勇气。而唯有具有这些，我们才能在不断变化的职业环境中找准属于自己的位置，实现职业生涯的跃升与发展。

因此，在选择转型方向时，我们首先要考虑的是个人兴趣与专长，因为兴趣是最好的老师，它可以激励我们勇往直前，克服职业转型过程中遇到的各种困难。同时，也要关注市场的趋势和发展前景。比如人工智能领域，随着自动化技术和机器学习算法的进步，无论是智能硬件还是软件服务，都有着广泛的应用场景和巨大的商业潜力，而且该行业的整体薪资水平也较高。清洁能源行业作为我国可持续发展战略的重要组成部分，同样吸引了大量投资，成为推动经济增长的新引擎。因此，我们在确定职业转型方向时，应综合考量个人兴趣与市场需求，找到二者的最佳契合点。

然而，仅仅选择一个具有发展潜力的行业还不够，我们要想在这个行业中立足并取得成功，就必须不断学习最新的知识和技术。终身学习不仅能够帮助我们跟上时代步伐，还能够促进个人能力的全面提升。尽管有些人可能会认为随着年龄的增长，学习的最佳时期已经过去，但实际上，无论我们处于职业生涯的哪个阶段，学习都是必不可少的。

终身学习的重要性不仅体现在应对职业挑战上，更体现在促进个人的全面发展上。许多成功人士都是终身学习的典范。以小米创始人雷军为例，在创办小米之前，他一直坚持学习最新的技术和管理理念。即使在小米发展壮大之后，他仍然不断学习，不仅关注科技领域的最新动态，还积极学习市场营销和品牌建设方面的知识，使得小米在激烈的市场竞争中始终保持优势。

此外，终身学习还能帮助我们在不断变化的市场中保持竞争力。例如，一位传统制造业的技术人员，通过不断学习最新的智能制造技术，成功转型为一家高科技企业的高级工程师。在这个过程中，他不仅提升了自身的技术水平，还拓宽了自己的职业发展道路。

在当今这个快速变化的时代，职业转型与终身学习已成为相辅相成的两大要素。一方面，职业转型提供了将所学应用于实践的宝贵机会，使我们能够紧跟时代步伐，把握新兴行业的红利；另一方面，终身学习是确保职业转型成功的重要基石，通过不断吸收新知，我们得以在瞬息万变的职场中保持持久的竞争力。

  对于追求财务自由和个人成长的现代人而言，职业转型与终身学习的结合尤为重要。通过不懈的学习与不断的适应，我们不仅能成功跨越行业壁垒，实现从传统行业到新兴领域的华丽转身，还能在这一过程中不断提升自身的市场价值，从而获得更高的收入水平。毕竟，在多数情况下，新兴行业因其较高的技术含量及更快的发展速度，能为人们提供更丰厚的报酬。

  由此看来，成为自己职业生涯的主导者，不仅是对个人能力的一种肯定，更是实现财富积累的有效途径。勇于探索未知领域、不断超越自我局限，实际就是在为自己创造更多的赚钱机会。我们的每一次职业转型，都是向着更高目标迈进的坚实一步，它不仅代表着经济上的独立与富足，更体现了个人价值与社会贡献的双重提升。

  在职业转型这条充满挑战与机遇的新航线上，我们每个人都是自己命运的舵手。只有不断学习、敢于尝试，才能在波涛汹涌的经济浪潮中稳操胜券，最终实现个人价值与财富增长的双赢局面。

个人品牌与数字平台，新时代的财富加速器

在当今职场与社交环境中，个人品牌已成为一种不可或缺的战略资产。它代表个体通过其独特的才能、性格、价值观以及所取得的成就，在公众心中塑造的认知印象和情感联结。简而言之，个人品牌就是人们对我们的第一印象。

对于职场人士和创业者来说，构建个人品牌不仅是塑造个人形象的动力，更是职业生涯发展的重要推动力。从职场角度来看，一个强大的个人品牌意味着在专业领域内的知名度和影响力得到了提升，这有助于我们成为行业内的意见领袖。当我们的名字成为某种专业能力或成就的代名词时，我们自然更容易获得职业发展的机会，如晋升、更好的工作机会，或是更高薪酬的职位。此外，良好的个人品牌还能吸引志同道合的人才加入我们的团队，共同推动事业发展。

对于创业者而言，个人品牌同样至关重要。创业之路充满不确定性，而一个强有力的个人品牌可以作为个人或企业的背书，增加合作伙伴、投资者及客户的信任度。成为行业内的权威后，创业者便更容易说服他人投资自己的项目、购买自己的产品或服务。此外，创业者往往需要不断地寻求资源和支持，一个积极正面的个人形象能够打开更多的合作大门，拓宽商业网络，从而为自己与企业创造更多价值。

无论是在职场还是创业期间，个人品牌所带来的好处都将最终转化为经济收益。随着在专业领域中的声望不断提升，我们的市场价值也随之增长，这不仅体现在更高的薪资水平上，还可能表现为更广泛的商业机会，甚至是资本市场的青睐。换句话说，一个成功的个人品牌最终会帮助我们实现财富的增长，使我们有能力追求更高的生活品质，并让我们在实现个人梦想的同时，对社会

做出更大的贡献。因此，可以说，个人品牌的建设是一笔极为宝贵的无形资产，在当今竞争激烈的市场环境中显得尤为重要。

个人品牌的构建并非一蹴而就，而是需要投入时间和精力去细心塑造，并持续地维护和不断地发展。首先，明确个人定位至关重要。这意味着，我们要深入思考自己对什么充满热情，又在哪方面拥有不可替代的专业技能。个人品牌的根基在于我们的核心竞争力，因此选择一个既能全情投入又能持续发展的领域作为主攻方向至关重要。同时，我们也要时刻关注市场变化，确保自己的发展方向与行业趋势相吻合，这样才能在不断变化的竞争环境中保持领先地位。

接下来，就是通过实际行动来证明个人的价值。无论是在职场上还是个人项目中，始终如一地交付高质量的工作成果，是赢得他人信赖与尊重的关键。每一次成功的实践，都是对个人品牌的一次有力背书，它们共同构成了我们在他人眼中的形象。

在这个数字化的时代，有效的沟通手段成为个人品牌建设不可或缺的部分。利用社交媒体平台分享独到见解，参加行业会议并在其中发声，都是展现自我价值、扩大影响力的有效方式。重要的是，每一次交流都要真诚且有深度，这样才能真正触动听众的心弦，让别人记住我们的名字。

当然，个人品牌的背后，离不开一个坚实的支持网络。我们应与志同道合的人建立联系，无论是同行、客户还是合作伙伴，他们都是推动我们前进的力量。同时，我们应该积极参与社区活动，帮助他人解决问题，也能获得来自四面八方的帮助和支持，形成帮助与被帮助的良性循环。

别忘了，视觉元素同样是个人品牌中不容忽视的一环。无论是简洁大方的着装风格，还是精心设计的个人Logo，抑或专业而具有吸引力的网站界面，都能在第一时间给人们留下深刻的印象。

另外，同样重要的是，我们要讲述一个真实动人的个人品牌故事。每一位成功人士的背后都有其独特的经历，无论是面对挫折时的坚持，还是实现梦想过程的感悟，这些都构成了个人品牌故事中最生动的篇章。分享我们的成长历程，不仅能拉近与听众的距离，更能激发共鸣，使个人品牌更具温度与生命力。

数字平台是基于互联网技术构建的虚拟环境，它作为信息与服务交换的中枢，紧密联结了个人用户、商家、开发者等多种参与者。这种联结不仅促进了多方的互动交流，还大幅提高了资源利用的效率，以及提供服务的便捷性。从社交媒体到电子商务，从内容共享平台再到云计算服务，数字平台以其独特的连接能力、高效的资源配置以及灵活的服务方式，成为推动现代经济社会发展的重要力量。

在当今这个数字化时代，流量已经成为个人和企业实现价值变现的关键因素。正如实体店铺依赖地理位置带来客流量一样，数字平台上的流量则代表了潜在用户的数量及其对内容的关注度。这种关注度转化为实际收益的能力，即"变现能力"，已经成为衡量数字化时代个人、团队或企业成功的重要标准之一。

对个人而言，掌握并有效利用数字平台上的流量，意味着我们能够快速地将自己的才华、产品或服务推向更广阔的市场。比如，独立音乐人可以通过社交媒体分享自己的作品，吸引粉丝关注；美妆博主可以通过视频平台展示化妆技巧，积累大量个人订阅。当这些展示的内容吸引并积累一定规模的观众群体后，变现的机会也随之而来——无论是通过广告分成、赞助合作、付费会员服务还是直接的产品销售，流量都能转化为实实在在的经济收益。

流量变现的核心在于构建有价值的内容来吸引大量观众并维持观众的兴趣，接着通过多种渠道的方式将这种关注度转化为经济收益。创作者首先需要确保输出的内容质量高并具有独特性，以此为基础积累忠实观众群体。随着账号粉丝数量的增长，创作者可以利用广告合作、赞助内容、会员服务、商品销售，甚至直接向支持者寻求资助等方式来实现流量的价值转换。整个流量变现过程中，理解目标观众、与观众良好互动、维护观众群体稳定，以及创作内容的持续创新都是至关重要的。通过精准定位和多元化变现策略的应用，创作者可以有效地将线上流量转化为可持续的收入来源。

当然，创作者要真正发挥流量的变现能力，并非仅仅依靠庞大的用户基数。内容的质量、互动性以及持续创新能力同样是关键要素。只有持续提供有价值、有趣味性的内容，并与观众建立深厚连接的个人品牌，才能在激烈的竞争环境中脱颖而出，实现流量的有效转化。

综上所述，在数字化浪潮席卷全球的今天，流量的变现能力已成为个人品牌建设和企业发展不可或缺的一部分。通过巧妙运用数字平台,我们不仅能迅速扩大个人品牌的影响力,还能将这种影响力转化为可持续发展的经济动力,开启无限商机的大门。

收入多元化，探索无限的赚钱可能

在当今社会，随着生活成本的不断攀升和收入的不稳定性，许多人正经历着前所未有的经济压力。为了减轻这种压力并提升个人财务的稳定性，越来越多的人开始寻求在传统工资收入之外拓展新的收益渠道。接下来，让我们共同探讨，在确保主要职业稳定的基础上，有哪些实际可行的方法可以增加额外的收入。

方式一：投资理财

投资理财作为实现收入多元化的重要途径之一，它提供了多种适应不同风险偏好与财务状况的选项。对于那些愿意承担较高风险以追求更高回报的投资者来说，股票投资是一个极具吸引力的选择。尽管股市存在较大的波动性，但从长远角度看，许多稳健成长的企业的股票确实为投资者带来了丰厚的收益。股票投资新手应当从学习基本的财务报表分析开始，并密切关注公司经济状况的基本情况。

相比之下，债券投资则以较低的风险水平和较为稳定的收益，吸引着寻求可靠现金流的投资者。无论是政府发行的国债还是信誉良好的企业发行的债券，都为投资者提供一种保持资金安全的可行的理财方式。

基金投资适合缺乏足够时间和专业知识去深入研究市场的个人。专业的基金管理团队进行资产配置与运作，个人可通过定期定额投入来分散投资风险并享受基金市场增长的成果。特别是指数基金，因其较低的成本与广泛的市场覆盖，成了众多投资理财者的首选。

此外，随着金融科技的发展，数字货币等新型资产类别也逐渐走入大众视野。尽管该领域存在较高的不确定性和波动性，但对于勇于探索并持续学习相关技术（如区块链）的投资理财者来说，这无疑是一条充满潜力的投资路径。

方式二：创业

创业是实现收入多元化的重要途径之一，通常是个人在其领域内积累了丰富经验后自然而然的选择。在某一行业或领域深耕细作，逐渐掌握核心资源和稳定的客户基础后，个人便可能萌生独立发展的念头。然而，创业之路不仅充满挑战与不确定性，还需要相当的原始资本作为支撑。

因此，在决定踏上创业征程之前，个人制订一个清晰且可行的商业计划显得尤为重要。这一计划不应仅涵盖创业产品或服务的核心内容，还应包括详细的市场定位、竞争对手分析以及营销策略等。只有通过详尽的前期调研和实施计划，才能确保创业者在激烈的市场竞争中有立足之地。

此外，个人必须理性对待创业启动资金筹集问题。启动资金可以通过多种方式筹集，如自筹资金、向家人和朋友借款、寻求天使投资人的支持，或是申请银行贷款等。每一种筹资方式都有其利弊，个人应当根据自身实际情况做出最合适的选择，避免盲目投资导致创业资金损失。

启动资金到位后，个人如何合理分配这笔资金同样至关重要。合理的财务规划能帮助个人和企业在创业初期阶段平稳运行，有效应对各种可能出现的风险。同时，建立一个互补性强、执行力强的团队是创业成功的关键。每个团队成员都应具备明确的职责分工，并且能够相互信任和支持，共同面对挑战。

在风云变幻的商业环境中，创业者和企业持续创新是保持竞争力的根本。无论是产品更新迭代还是营销手段的创新，创业者都需要时刻关注市场动态和技术进步。唯有不断创新，创业者和企业才能在竞争中立于不败之地。

总之，创业是一条充满机遇的道路，它要求创业者具备充分准备和谨慎决策的态度。在追求梦想的同时，不忘风险管理，这才是通向成功的正确之道。

方式三：知识付费

知识付费是一种商业模式，它涉及个人通过互联网平台购买和销售知识产品及服务。在这个模式下，个人作为内容创作者或者知识提供者，将自身的专业技能、经验技术或研究成果等转化为可以在线交付的产品，如在线课程、电子书、音频讲座、咨询服务等，并设定一定的价格。用户则根据个人需求和兴趣，支付相应的费用来获取这些知识产品，以此达到自我提升、解决问题或娱乐休闲的目的。

知识付费的重要性不容忽视。首先，它帮助用户筛选了互联网上的海量信息，节省了筛选和查找有效内容的时间。其次，知识付费往往意味着更高质量的内容输出，因为创作者会投入更多精力去打磨和完善他们的作品。此外，这种模式鼓励了知识的分享与传播，促进了社会整体知识水平的提高。

同时，知识付费也为创作者带来了显著的经济收益。随着互联网的普及和个人发展的需求增长，知识付费展现出巨大的市场潜力。创作者通过开发并上线自己的知识产品，如在线课程或电子书，可以在不需持续投入大量时间的前提下，获得源源不断的被动收入。此外，知识付费为创作者提供了广泛接触受众的机会，可实现多渠道变现，如品牌合作、付费咨询、线下活动等，增加了创作者收入来源的多样性，促进了创作者构建稳定的财务状况。更重要的是，知识付费有助于创作者个人品牌的建设。通过分享见解和经验，创作者不仅能够获得经济回报，还能增强社会影响力，实现个人精神层面的满足。

为了成功开展知识付费，创作者首先需要明确自己的专长领域以及目标受众的兴趣所在，确保创作内容的独特性和实用性。同时，内容的质量至关重要，知识的深度、逻辑性以及呈现方式等，都应当精心设计，以满足用户的期待。此外，互动性也是知识付费成功的关键因素之一，创作者通过社群建设、定期答疑等方式增加用户的参与感和归属感。最后，合理的定价策略和有效的营销手段也是不可或缺的，这有助于吸引更多潜在用户，建立良好的口碑效应。总之，知识付费不仅是知识经济时代的一种表现形式，更是促进个人成长和社会进步的重要力量。

综上所述，收入多元化不仅是应对经济不确定性的有效策略，更是探索无限赚钱可能的关键所在。在信息时代的大背景下，无论是通过投资理财、创业，还是知识付费，多元化的收入策略正逐渐成为提升个人及家庭财务安全性和灵活性的重要途径。我们鼓励每一个有梦想的个体勇敢地迈出尝试的步伐，结合自身特长与兴趣，在不断变化的世界中寻找属于自己的机遇。在这个过程中，重要的是个人保持学习的心态，勇于接受新事物，同时也要注重平衡生活与工作的关系，让多元化的收入来源提升生活质量，而非增加生活负担。我们希望每个人都能够在实现财务自由的同时，享受更加丰富多彩的人生旅程。

第二章

拓展信息渠道，把握财富增长新机遇

在这个信息爆炸的时代，知识与信息已然成为撬动财富增长的新动力。随着互联网技术的迅猛发展，我们比以往任何时候都更容易接触到海量的信息资源与创新工具。这一变化不仅意味着传统的收入模式正在被颠覆，更预示着每一个善于学习、敢于尝试的个体都有机会站在时代的前沿，把握财富增长的新机遇。

互联网赋予了普通人前所未有的能力，使他们能够跨越地理界限，即时获取全球范围内的最新科技和最新资讯。无论是科技前沿的研究成果，还是商业领域的创新思维，都不再是少数精英阶层的专利。与此同时，云计算、大数据分析、人工智能等先进技术的普及，更让普通人拥有了处理复杂问题的能力，从而在众多领域内发掘出新的商业机会。

关注宏观环境，寻求时代发展的风口

经济的持续增长与多样化发展，为追求财富提供了前所未有的广阔平台和多种机遇。许多人怀揣着创造新的经济增长点、实现财富积累的梦想，渴望通过这一过程实现财务自由。然而，现实情况是，在经济蓬勃发展的背景下，真正能够赚取丰厚利润、实现社会阶层跃迁的人并不多，甚至提高自己和家庭生活水平的机会也不常见。许多人一直在行业中挣扎，甚至因为管理不善而屡遭失败，不得不频繁更换项目。近年来，人们更是感叹"经济下行，赚钱不易"。

赚钱不易的原因在于，大多数人对财富积累缺乏正确的认识和系统的规划。他们不清楚自己应该做什么，适合做什么，以及市场真正需要什么。实际上，财富积累需要明确的规划，不能随意经营。如果人们不能做出合理和谨慎的选择，通常难以取得成功，甚至可能陷入各种困境。

在做出选择时，许多人往往忽视了宏观环境和大背景的重要性。例如，许多创业者都强调"站在风口上，猪也能飞起来"的观点。在他们看来，时代发展往往会催生新的产业，或者会促进某个产业的快速发展。这个时候，只要把握住时代的脉搏，掌握社会发展的潜在需求，就可以更快获得成功。

在 20 年前，互联网的快速发展直接推动了电子商务的兴起，国内出现了以阿里巴巴为首的电商平台。此时一部分人开始意识到电子商务会成为中国互联网经济乃至中国经济的重要增长点，因此开始借助电商平台发展自己的事业。然而，更多的人未能认识到电商背后巨大的市场潜力和它引领社会变革的重大意义。他们坚定地认为电商平台无法创造价值，客户最终还是会回归线下的实体店，在质疑声中错失了最佳的投资机会。

对于多数人而言，想要获得一个好的赚钱项目，想要使自己的赚钱能力更具竞争力，就必须摒弃"我只是需要一份工作"的狭隘想法。取而代之的，是将视野拓宽，从社会和国家的层面来考虑问题，确保可以把握住时代发展和宏观环境变化的讯息。

首先，主动分析时代变化的趋势和社会发展的规律，给予那些新鲜事物更多的关注，并预测它们在商业化、市场化、规模化方面的潜力。比如，互联网的兴起就是时代发展的必然结果。在20世纪90年代，随着电脑技术的进步和网络系统的开发，互联网开始展现出巨大的发展潜力。然而，并非每个人都有比尔·盖茨那样的魄力和远见，也并非所有人都像贝索斯之类的商业巨子那样，能够在时代发展的趋势中挖掘商机。普通人可能安于自己的事业，不会考虑投资像阿里巴巴或京东这样的企业。

以开设淘宝店为例，中国早期的淘宝店主大多享受到了电商的红利，因此许多人成了成功的商人和电商经营者。在这些人中，有些人原本有自己的事业和工作，但他们敏锐地感知到了电商的发展趋势，并成功地站在了时代发展的前沿。

这个世界永远只有少数人能够在时代发展中挖掘和把握商机，那些积极拓展副业的人想要把握商机更是难上加难，除非他们可以在时代发展潮流中把握规律，然后从这些规律中发现商机。

以20世纪80年代为例，当时只要具备信心和勇气投身商业海洋，成功的机会相对较大。这是因为那时物资需求旺盛，而供应却明显不足。物资种类和数量有限，获取渠道也较少，形成了典型的卖方市场。因此，只要有商品，销售通常不成问题。

到了20世纪90年代，社会开始逐步开放，地域之间的贸易交流变得频繁，贸易交流的需求也不断加大。此时，积极拓展市场，将本地产品销售到外地，并引进外地新产品变得至关重要。这种交流模式满足了市场对新产品的需求，因此此类贸易大受欢迎。

进入2000年，互联网开始迎来井喷式发展，人们了解的信息越来越多，对商品的需求量也越来越大，市场必须形成一种更加高效的贸易运作机制，传统的各地之间往来贸易已无法满足时代发展的需求。在这种背景下，电子商务应运而生，人们可以通过电脑购买外地产品，商家也能利用电商平台从外地进货，再将产品销售到更远的地方。

到了 2010 年，随着信息技术的不断进步，人与人之间的现实交流慢慢开始变少，而网络交流变得更加频繁和便捷。此时商品贸易需要更好地和新的信息沟通模式结合起来，互联网上建立起来的人际关系在此时成了商品买卖的重要助力和载体。在这个时候，微商成功吸引了大众的关注，并引领了电商发展的新潮流。

进入 2020 年，随着 5G 信息技术的推进和网络交流需求的进一步提升，电商平台的改革迫在眉睫，视觉化的沟通模式和电商模式成了市场的新需求。此时以抖音、快手等短视频平台为主的推广开始带动直播业务，直播也成了电商发展的一个新风口。

未来 10 年，甚至 5 年，新的商业模式无疑还会出现，尤其是随着虚拟现实技术和增强现实技术的发展，以及 5G 技术的完善和进化，场景化的营销模式可能会变成市场的新宠，并推动跨境电商的发展。此外，线上线下相结合的新零售模式也会快速发展，结合物联网和人工智能技术，新零售会变成更受欢迎的商业模式。

商业模式的不断变化和进步，实际上反映了社会发展和变迁的规律。反过来说，把握了社会发展规律，就可以提前把握商业模式的变化，再结合时代发展的一些特点，便可以提前感知这些变化中蕴藏的巨大发展潜力和商机。

此外，关注国家政策也至关重要。从国家的政策中解读经济发展和时代发展的一些规律，了解国家将重点发展哪些行业和项目。政府通常会发布国民经济计划、金融货币政策、产业扶持计划等，从中可以挖掘出重要信息：国家重点发展哪些产业、优先发展哪些项目、重点扶持哪些产业。

比如《国务院关于印发"十三五"国家战略性新兴产业发展规划的通知》中就提到了一段话：

未来 5 到 10 年，是全球新一轮科技革命和产业变革从蓄势待发到群体迸发的关键时期。信息革命进程持续快速演进，物联网、云计算、大数据、人工智能等技术广泛渗透于经济社会各个领域，信息经济繁荣程度成为国家实力的重要标志。增材制造（3D打印）、机器人与智能制造、超材料与纳米材料等领域技术不断取得重大突破，推动传统工业体系分化变革，将重塑制造业国际分工格局。基因组学及其关联技术迅猛发展，精准医学、生物合成、工业化育种等新模式加快演进推广，生物新经济有望引领人类生产生活迈入新天地。应对全球气候变化助推绿色低碳发展大潮，清洁生产技术应用规模持续拓展，新能源革命正在改变现有国际资源能源版图。数字技术与文化创意、设计服务深度融合，数字创意产业逐渐成为促进优质产品和服务有效供给的智力密集型产业，创意经济作为一种新的发展模式正在兴起。

这段话指出了国家进行技术突破的一些重点领域，而这些领域也将引发新的投资热潮。对于很多想要赚钱的人来说，国家政策中指定的那些发展项目是绝佳的选项，因为国家的政策支持恰恰是相关产业发展的最大保障，人们可以放心投资。

总而言之，找一份工作养活自己并不难，找一个能够适当增加收入的工作也不难，只要不是追求过高目标和要求，人们在行业的选择上还是有很大的空间的。但是，如果人们追求在工作中精益求精、拓展业务范围并增强自身实力，希望将自己的职业道路转化为个人事业，致力于促进经济状况的改善并创造财富，那就需要重点关注时代发展规律和政府政策，这是掌控宏观环境的关键，也是寻求和把握风口的重要保障。

做好市场调研工作，
了解市场行情

2005年，刚刚大学毕业参加工作的Y先生准备在淘宝上开一家网店。作为一家外企的职员，他的薪资待遇相当优厚。然而，他对互联网的热情不减，加之淘宝自2003年成立以来的稳健发展，更加坚定了他在网络平台上创业的决心。因此，Y先生投入数月时间，进行了深入的市场调研，包括了解消费者对购物方式的看法，特别是年轻人和学生群体对电子商务的态度。他还跑到义乌小商品基地，观察了这些小商品的基本物流信息。通过对调研数据的分析和总结，Y先生发现，尽管许多人仍然偏好传统商业模式，但越来越多的年轻人愿意尝试在线购物。年轻人向来都是消费的主力军，未来同样会成为电商消费的主力军，这有助于推动电商成为改变人们生活方式的重要工具。因此，Y先生认为，电商具有很大的发展潜力。

于是，Y先生说干就干，马上在淘宝上注册了网店，并且认真打理。他一下班便守在电脑前，有时候还让女朋友帮忙拓展生意。那个时候，淘宝平台仍旧是卖方市场，店家拥有很大的主动权，生意相对容易成交。

随着淘宝平台越来越完善，Y先生的店铺生意也越做越好，他如今已经开了四家店铺。

像Y先生这种把握住电商发展势头的人并不多。很多人没有从市场发展中获得有效的信息，他们对行业发展趋势和规律缺乏了解，不清楚相关项目的发展潜力，也不明白市场对行业的接受程度和认可度。尽管许多人同Y先生一样渴望赚取丰厚的收入，并且也不缺乏努力工作的意愿，但他们通常不会投入时间和精力进行细致的市场调研与分析，而像无头苍蝇一样缺乏明确的前进方向，因此难以实现财富的增长。

随着经济的蓬勃发展，几乎每隔几年都会涌现出新的商业热潮，像电子商务、微商、共享经济、民宿、高端旅行、物联网经济、人工智能、短视频直播以及供应链金融等。然而，大多数人无论是在预测、挖掘还是把握商机方面，往往缺乏可靠的信息判断能力和决策力。究其原因，便是他们并没有对市场进行充分调研，而是倾向于跟随他人的步伐。盲目性是创业和就业中普遍存在的问题，在机会大潮到来的时候，人们也常常陷入这种困境，看到他人创业便纷纷效仿，见到他人投资便立即跟进，这种盲目跟随常常会导致创业和赚钱变成一个不断耗费资金的"陷阱"。

以马云、刘强东和黄峥为例，他们分别在电商领域取得了成功，但也有许多其他人在这个领域遭遇了失败。这是为什么呢？一个重要的原因在于马云发现了电商的发展机遇，刘强东在深入理解市场运作模式后，进一步发展了自家电商平台的仓储和物流系统。而黄峥通过调研和分析，认识到了团购购物的需求和潜力，从而抓住了新的商机和客户群。他们所制定的战略并非随意而为，而是基于对市场的全面分析。

真正擅长投资和挖掘商机的人，一定会重视市场调研，从市场中挖掘潜在的投资机会，把握产业发展的红利。即便只是副业，他们也会非常重视项目的相关调研工作。通常情况下，他们会重点从两个方面入手。

一方面，他们会研究市场发展规律、产业分布状况、行业发展趋势、市场环境、市场供给情况、市场竞争情况、市场营销因素以了解相关产业的发展阶段、环境影响、优势与劣势以及发展规律。

另一方面，他们会关注消费者的需求、消费结构、消费行为和消费模式，重点关注消费者收入、消费的频率、消费者的偏好、消费者的消费动机以及消费的金额。

通过对市场和消费者进行深入调研，就可以更加直观地了解相关项目的发展空间和潜在的投资价值，判断其是否真正适合投资。一旦决定投资，我们需要明确从哪些方面开始入手，以及如何精准定位我们的目标客户群体。一般来说，市场调研的工作比较烦琐，但有多种方法可供选择。调研工作可以通过走访和日常调查问卷的方式展开，无论是有目的或者无目的的调查问卷都非常适合，只不过这种方式耗时耗力，想要真正搜集大量的数据会比较困难。鉴于副业人士时间有限，调研规模应适当控制，例如针对特定地区或市场进行抽样调查，每个地区可以抽取适量的样本，但样本要具有代表性，确保市场调研数据的客观性。

除此之外，现代信息技术和信息平台也为调研提供了便利。通过微信群、论坛等渠道发布问题和问卷，可以更高效地进行调研。利用社交媒体和网络社群，如微信朋友圈，以及地区性网络平台，调研报告往往能迅速完成。

为了验证自己的调研报告是否客观、合理，可以在信息平台上选择搜集一些权威的调研报告，或者从相关的调研机构以及单位部门取得市场调研数据。然后，认真分析和参考调研报告，从中把握重要的市场信息。

从专业性的角度来分析，市场调研工作是挖掘市场信息、了解市场行情的最佳方式。许多专业投资者都依赖调研报告来获取宝贵信息，因为市场调研有助于发现市场切入点和立足点。

利用数字化工具
获得所需信息

我们正生活在一个信息爆炸的时代,信息传播速度每年都在成倍甚至数十倍地增长。如今,一天的信息量远远超过了数十年前一整年的总量。在1980年,人们捕获和接收外界信息的主要方式就是口耳相传、阅读杂志及报纸。这些方式传播的信息量非常有限,很多人一天收到的信息可能都不会超过一份报纸或一本书的内容。到了1990年,电视逐渐普及到大多数家庭,电视节目的丰富性极大地拓宽了人们的视野,传递的信息量也远远超过了报纸。进入互联网时代,随着电脑技术的进步以及各种信息平台、沟通软件的出现,信息的增长呈现出几何级数的态势。

信息技术的持续进步使得人们可以接收更多的信息,这些信息覆盖了生活的方方面面。从信息搜索的便利性与高效性来说,数字化的工具无疑是最佳选择。在创业或者投资领域,许多人利用数字化工具搜索相关的信息。例如,某人计划开设一家奶茶店,并雇人管理,这时他们可以通过网络搜索不同的奶茶品牌,访问官方网站了解详情,并获取联系信息。

在奶茶店装修的时候,也可以从专业网站下载装修图纸,对比不同装修风格、装修材料的性价比,并通过网络寻找装修材料的供应商。为了提升经营管理的能力,也可以加入一些高端社群,付费听课接受培训,学习成功经验,吸取失败教训,确保自己少走弯路。通过网络平台和数字化的工具,人们能够迅速找到自己所需的任何信息,其效率远超传统信息交流方式。

在当今时代,信息已经成为至关重要的资源之一。掌握更多高价值信息的人,无疑能够把握发展的主动权,并更有效地规划自己的人生。因此,人们需要借助更多的数字化工具来完成信息搜集工作。手机、电脑、电子阅读器以及一些网络搜索工具等，都是常见的数字化工具，它们正在改变人们搜集信息的方式。而在利用数字化工具的时候，人们往往需要重点完成以下几项重要的工作。

第一，信息的整合。对于想要寻找机会创富的人来说，高效地使用信息是一项重要的工作，也是一项重大的工程。我们每天接收的信息流中，很多信息都是零散或片面的，无法全面反映事物发展的全貌或揭示其内在规律。因此，这就需要我们将不同的信息搜集起来进行整合，确保它们能够相互补充，形成更完整的信息和指导方案。在发展副业的过程中，人们需要将不同数字化平台和数字化工具上的信息搜集起来，整合到自己的分析和研究工作当中，以便做出合理的决策。

很多信息工具本身具有信息搜索和整合的功能，能够对各项信息进行分类，从而方便人们进行信息整合。例如，在开设店铺时，一些平台会提供分类功能并设置信息清单，有的会重点介绍开店的地理位置，有的则做好了市场细分工作；有的会重点讲述经营模式，有的会侧重于管理方法。功能清单中提供的商品信息可能没有经过验证，需要其他功能区甚至其他平台进行补充。更多的信息渠道往往意味着更完善的信息，而人们要做的就是运用工具整合这些信息。

第二，信息的过滤和提炼。在信息泛滥的时代，人们面临着如何在庞杂的信息流中寻找正确、有价值信息的挑战。虚假信息和无价值的信息日益增多，使得这一任务变得更加困难。例如，在浏览器中搜索"赚钱项目"，人们很容易被各种各样的虚假广告和垃圾软文淹没，难以分清哪些信息是真实的，以及这些项目是否真的像宣传的那样有吸引力。另外，还有很多无意义、无价值的广告和项目，对于赚钱和发展个人事业根本没有任何帮助。

面对信息泛滥带来的信息污染，寻找一个可靠的信息源和高质量、高价值的项目信息，成了信息搜集工作的核心。因此，信息过滤变得极其重要。通常来说，选择一些正规的、专业性强的网站，以及高端的网络平台和信息技术中心，是至关重要的步骤。此外，许多信息搜集工具都配备了强大的信息提炼功能，能够帮助用户筛选出最关键的信息或信息的精华部分。与此同时，搜集者需要懂得分辨信息的优劣,并懂得提炼那些高价值信息。一些信息网站还提供了信息分类和过滤的功能,通过输入相应的关键字,用户就可以寻找到同类别的信息,从而有效节省大量时间。

第三,信息的深入挖掘。对于创业者来说,很多信息本身不具备直接的指示和引导作用,要想从中获得有价值的内容,就需要进行深入的分析和挖掘。通过信息片段推导出更为完整的信息和隐藏的内容,或者通过一些隐晦的信息挖掘潜在的市场和商机。在这方面,很多数字化工具具备了强大的分析能力,还为客户提供了非常贴心的服务,包括合理的推理性建议,一些网站和社群甚至为用户安排了专业化的分析和解答团队。知乎的运作模式就是如此,用户可以在相关话题中获得更多经过深入剖析的内容。对于寻求商业机会的人来说,关注这些信息有助于更好地把握创业机会,同时避免不必要的风险。

在信息的深入挖掘过程中,需要一定的推理能力和逻辑思维,以及敏锐的市场洞察力和强大的魄力。此外,能够以小见大,从细微处窥见全局的能力也是必不可少的。

D先生在某日浏览朋友圈时,偶然发现了一份城市的规划图。他注意到,在新开发的区域,城建公司计划重点打造一个绿色新城区,目标是使其达到旅游城市的建设标准。D先生迅速捕捉到这一信息,并立即访问了该县融媒中心的新闻网站进行核实,确认这正是县政府五年计划的一部分。此外,他在城建局的官方网站上也找到了一份资料,显示县城计划承办最新一届的省级马拉松赛事,旨在全面展示城市的文化和自然风光。

D先生很快意识到这是一个非常好的商机,于是联合几个朋友一同成立了一家园艺公司,并且承包了20亩地专门种植花卉和观赏类植物。三年之后,当新城区的建设初具规模时,D先生投资的园艺公司获得了大量的订单。

数字化工具的确带来了很多优势,人们能够更高效地在短时间内搜集到有价值的信息。然而,随着信息需求的不断增长,现有的数字化工具在信息传播速度和容量上开始显得力不从心。可以预见,未来将出现更加强大、更加高效的信息载体和传播工具。

搭建优质人脉网，获得更好的资源

在搭建人脉网的时候，很多人首先想到的是身边的熟人——亲戚、朋友、同事、同学，这些都是理想的人脉关系。由于彼此之间的关系非常稳固，在情感上更容易相互接近。可是，当一个人真正想要发展事业，尤其是想要拓展优质的项目时，会意识到身边的人与自己极为相似，无论是经历、经验、学识、专业、工作方向还是性格，都有很多相似点，这使得思维难以突破。

比如，一位大学教授想要投资家装行业，可是不知道应该向谁请教。因为他身边的人大多是老师和文字工作者，大家的交流往往局限于学术领域，很少有人涉猎家装行业，所以无法为他提供有价值的意见和建议。同样，让一位农民企业家投资开办一家杂志社，他可能也无法从身边的社会关系中获得实质性的帮助。

斯坦福大学教授马克·格兰诺维特多年研究这一现象，并在人际关系网络效益研究中发现了一个有趣的数据：大概只有16.7%的人是通过所谓的熟人渠道找到理想工作的，有超过50%的人通过那些只有一面之缘甚至从未谋面的圈外人的帮助找到了一份好工作。

为了深入理解这一现象，马克·格兰诺维特对强关系和弱关系进行了区分。强关系通常包括家人、亲戚、朋友、同事、同学和领导，这些人有共同的圈子，生活、学习或者工作经历有更多的相同点。弱关系包含了朋友的朋友、同学的朋友、朋友的同学或领导的朋友，这些人在生活中缺乏交集，基本上不生活在一个圈子里。在对强关系和弱关系进行对比时，马克·格兰诺维特发现弱关系具有更强的社交优势，因为大家有着不同的生活经验、知识结构、理解力以及思维方式，彼此之间反而更有可能实现资源的互补。他认为强关系适合日常交流，但弱关系往往才是构建优质人脉的关键。因此，他鼓励人们走出强关系构建的社交舒适区，去和更多生活圈以外的人交流。

对于那些致力于寻找盈利机会的人士，若打算涉足非本职行业的项目，必须打破传统的思维框架，这通常需要一个不同的生活环境作为后盾。因此，从发展的视角来看，那些渴望跨行业发展的个体更应跳出既有的圈子，接触新信息，向不同领域的专家学习，以扩展自己的视野和资源网络。

首先，积极构建优质弱关系。寻找赚钱机会通常需要涉及一些新的领域和产业，因此需要额外拓展人脉，特别是那些能够提供实际帮助的关系。通常，我们可以通过朋友、同事的关系来认识圈外人士，或者利用那些不常联系的客户来拓展市场和渠道。比如，张先生经营着一家咖啡馆，但是近来想要承包城市自然水管道修建工程，觉得这是一个非常不错的赚钱项目。然而，他对于如何操作和寻求资源感到迷茫。他询问了所有亲朋好友，也没人能够提供帮助。就在这个时候，他无意中得知一位经常来店里喝咖啡的客人曾经做过类似的项目，而且目前还是城市基础设施建设的一个项目负责人。于是，在这位客人又来店里喝咖啡的时候，他向对方谈起了自己的想法。结果，对方很快就给他提供了很多非常实用的建议，还帮助他获得了20%的项目经营权。

通过一些优质的弱关系，主动结识行业内的领军人物和资源掌控者，往往可以有效推动项目的发展。正因为如此，维护这些构建起来的弱关系同样重要。对于那些具有重要价值的弱关系，平时要经常与之交流和沟通，并保持谦卑的态度，认真听取他们的建议和意见。通过更加频繁且有价值的交流，人们可以将弱关系转化成为强关系，从而将对方的资源变成自己的资源。

其次，进入高端社群。借助互联网工具，积极参与赚钱和创富相关的社群，尤其是那些高端社群，这样可以获取第一手信息，并结识更多志同道合的人士。在必要的时候，可以选择一些付费社群，这类社群中往往会提供一些创业、投资和经营的实用信息，这对寻找机会的新手来说，具有很强的指导性。

唐先生是一家公司的普通职员，工作一直平平稳稳，但缺乏显著的突破。

2019年，他看到短视频平台非常火爆，于是打算在工作之余通过这一渠道销售产品，以增加家庭收入。起初，他模仿周围朋友的做法，每天都发一些短视频，然后推销、代理各种产品，但是效果并不好，始终无法赢得足够的关注。

在这一过程中，唐先生偶然得知一个本地付费创业社群，该社群专注于当前热门的短视频电商领域。他决定花费399元加入该社群。社群每天都会为会员讲解短视频创业的相关课程，引导会员如何营销、如何引流，如何变现。经过一个月的学习，唐先生听老师的建议在短视频上销售农村土特产，然后按照自己所学进行宣传，最终成了当地小有名气的电商。

相较于通过朋友圈建立的松散联系，高端社群中的人际关系更为直接，成员的经验和资源构成了一个强大的支持网络。学习者不必完全复制他人的模式，但必须深入理解对方的操作方法、经营理念和盈利模式，以及副业所需的关键要素和条件，还要掌握预防风险和危机处理的策略。

无论是发展弱关系，还是在高端社群中认识更多的优质人脉，人们必须保持针对性，即选择自己所需的专业人才，选择能够为自己带来实实在在帮助的人。这些人能够在相关的领域内为我们带来高价值的资源和人脉关系，以及富有洞见的思维和创意。

最后，一定要注意明确社交的目的性。我们要明确自己的目的是构建优质人脉，争取从对方那儿获得有价值的信息，从而避免走更多的弯路。如果无目的地参与社交活动，可能会导致优质人脉资源的浪费。

从竞争对手那里获得有价值的信息

一位热衷于园艺的酒店老板，决定开设一家园艺店，专门销售各种花卉和盆栽。自开业以来，生意尚可，但与周边的园艺店相比，总感觉缺少竞争力。作为行业新手，他不熟悉市场行情，缺乏经营经验，对未来的发展方向和规划也不够明确，只能边走边看，不断模仿其他竞争者。

有一天，一位朋友到店里来买盆栽，逛了一圈之后，觉得里面的园艺产品有点陈旧，并不符合市场上的新趋势，于是建议他引入一些新产品，例如国外的花卉和盆栽。朋友的话给他提了一个醒，他立马派人去其他园艺店借着买东西的名义探听新品种的消息。派去的人很快带回了消息，说几家园艺店的老板都在考虑从日本引进一些花卉，而北京和上海的很多园艺店也在从日本进货，而且销量非常好。

听到这个消息后，他立即上网搜索日本花卉的出口信息，并请日本的朋友帮忙调查。日本的朋友很快给了反馈，虽然日本花卉销量平平，但日本红枫在国内市场却异常受欢迎。于是，他迅速决定从日本订购红枫树苗。红枫树苗到货的第二天，园艺店便吸引了众多顾客，树苗很快被抢购一空。他随即推出了"预订日本红枫"的服务，仅一个月就收到了1000多个订单，红枫树苗的订购量更是超过了5000棵。当其他园艺店开始考虑进口红枫时，本地市场已被他占据大半，凭借先行优势，他的园艺店赢得了顾客的更多青睐。

在开展商业活动时，许多人倾向于掌握市场趋势和宏观环境的演变。他们特别关注市场调研，以洞察消费者的偏好和需求；同时，他们也会关注哪些项目正蓬勃发展，以及哪些项目展现出潜在的增长潜力。然而，这些信息尚不足以全面了解市场。我们绝不能忽略市场中的一个关键因素——竞争对手。关注市场动态和行业趋势，可以让我们了解行业的基本发展脉络；而分析竞争对手，则能让我们洞察每个参与者的战略规划和当前状态。研究竞争对手能够让我们更深入地了解市场参与者的活动，以及他们在市场中所扮演的角色和期望扮演的角色。

比如，经营者可以重点研究竞争对手的偏好，他们销售的产品类型，以及采用的商业模式。通过收集这些信息并制定针对性策略，经营者可以有效避免进入竞争激烈的市场领域，从而规避正面冲突。同时，经营者还应深入了解竞争对手的战略部署，探究他们未来的规划、重点发展方向以及核心产品，然后抢占先机，夺得领先优势。除此之外，竞争对手的一些策略和方法，一些先进的、高效的经营管理理念和创新思维，也是经营者需要重点关注的。

在很多时候，一些有价值的商业信息反而是竞争对手提供的。竞争对手就像是一面镜子，可以照出经营者的优势和不足，也能揭示行业发展的某些规律和趋势。了解竞争对手往往可以帮助经营者更好地规避风险，实现突破。一般来说，经营者需要从以下几个方面入手。

第一，从对手的官网和新闻稿中找到蛛丝马迹。很多企业和个人会将自己的发展计划和展望写在官网里，或者在新闻稿中展示给公众，甚至在社交媒体上进行发布。这些信息可以帮助我们了解竞争对手的想法和规划，从而提前做出应对措施，或者抢占先机。

第二，从竞争对手发布的白皮书中挖掘相关信息，找到对方的发展思路和规划。很多企业会定期发布白皮书，在其中阐述公司发展的规划，未来发展的重点和一些需要重点关注的问题。如果想要知道竞争对手的战略方向，获取并研究他们的白皮书是至关重要的。

第三，看对手的年度总结报告。如果有可能的话，获取对手的年度总结报告，这份报告中会呈现对手一年来的发展业绩和发展数据，涵盖各个项目和领域。通过对相关数据进行分析，我们可以揭示过去一年中竞争对手在什么地方表现出众，在什么地方明显加大了发展的比重，哪些环节得到了重点的改进。

第四，观察对手的人事调动和管理层构建情况，可以洞察其发展方向和重点。一般来说，当某个公司或者团队准备重点发展某个项目时，可能会对团队进行重组，将相关人士集中起来，并建立一个新的项目管理层。这些举措通常会传递出明确的信号。例如，如果一家企业从外部引进了一批电池制造的专家，将负责技术研发的主管提升为经理，外界就可以依据这些信号，猜测出这家公司大概要进军电池开发领域。

第五，观察对手的发展趋势。对于多数企业和个人来说，任何的政策和发展新模式都不是突然出现的，在做出某种转变之前，一定会有一个渐变的过程。简单来说，企业或者个人会有一个发展和变化的过程。比如，某个人准备推动线下服务向线上的服务转变，那么在正式实现完全的线上服务之前，肯定会进行一些尝试：先建立一个电商公司，接着将部分商品放到网上去销售，推出网络的理赔机制和服务平台，之后开始招聘一些主播，并且逐步关闭线下的实体店，减少线下的广告。根据这些变化，我们可以推测这个人已经准备重点发展线上的经营和管理模式了。

第六，通过消费者调研来收集竞争对手的信息。市场上各个参与者的发展情况与优劣对比，消费者往往是最有发言权的。因此，人们想了解对手是如何进行项目经营的，就可以对消费者进行调研：了解他们偏爱哪些公司和品牌，哪些品牌的认可度最高，消费者最看重产品的哪些特质等。通过调研分析，我们便可以了解竞争对手们优势和劣势。

了解竞争对手的方法多种多样，但最关键的是学会分析相关信息，从数据和文字背后解读对手的发展意图、模式、理念和优势。只有这样，我们才能真正做到知己知彼，从而真正地将项目做好。

第三章

立足长远，制定财富增长战略规划

在财富增长的道路上，唯有高瞻远瞩，方能运筹帷幄；唯有深思熟虑，才能稳步前行。立足长远，制定科学的战略规划，是实现财务自由的关键。面对不断变化的经济环境，我们必须跳出固有的思维模式，吸收更多元的信息，结识更多杰出的人士，向各种背景的人学习，从而拓展自己的视野和资源网络。唯有如此，我们才能在财富增长的道路上行得更稳、走得更远。

持之以恒，将小项目一点点做大

在选择了某个有潜力的商业项目并准备投入运营时，人们往往存在两种不良心态：一种是"无所谓"的心态，另一种是"急于求成"的心态。持"无所谓"心态的人往往认为赚钱是一个充满挑战的过程，成功与否似乎更多地取决于命运的安排而非个人的努力。在实际运营过程中，他们可能只是抱着试一试的心态，并未全身心投入，面对困难时倾向于逃避而不是积极应对，同时，对业务管理上的细节也不会给予足够的重视，遇到挫折更容易放弃。因此，即便有好的机会，他们也常常因为缺乏坚持而错失。而"急于求成"的态度最终成为其个人及事业发展的障碍。持这种心态的人缺乏战略耐性，他们总希望一开始就做大项目，进行大规模投资，没有考虑到在较长时间内逐步扩展事业的重要性。

这两种心态在年轻人身上最为常见。很多年轻人在投入项目运营时，总是期望在短时间内就获得不菲的收益。然而，由于各种各样的原因，项目初期的收入往往相对较少。一旦发展没有达到预期目标，或者出现各种问题，他们就可能变得急躁，认为自己在原本就收入不高的项目上浪费时间和精力根本不值得。正因为如此，年轻人会频繁更换商业项目。

当经营出现困难的时候，他们首先想到的是"放弃这个不赚钱的项目"，转而转向其他项目。通常情况下，他们会把项目做得很大，从一开始就尽可能地加大投资。这种盲目追求大规模、高投资、高效益的行为，显然违背了经营的基本原则，往往容易出现重大的挫折和失败。

L先生在一家国营企业上班，虽然工作非常稳定轻松，但是收入不高。对于需要偿还房贷和抚养孩子的他来说，仅凭这份工资维持家庭的基本开销显得有些吃力。因此，他决定投资一些理财项目。思来想去，他觉得一些理财产品的收益比较高，而且不用花费太多的时间和精力，于是 L 先生和妻子商量之后，将多年来积攒的 30 万元全部用于购买理财产品，希望可以获得预期的收益。然而，由于他们对理财产品缺乏了解，没有进行深入分析就匆忙购买，结果不仅没有获得预期收益，反而亏损了 3 万元。

首次投资失利的 L 先生并未吸取教训，反而将所有资金投入了一家啤酒吧。不幸的是，由于缺乏对市场的充分了解，他的盲目投资再次以失败告终。当地啤酒吧竞争激烈，加之他投资的啤酒吧所在街道正在经历大规模改造，导致交通受阻，连续数月生意惨淡，他又亏损了 10 万元。

事实上，随着经济的不断发展，人们的商业经营活动日益规范化，经营方式也在持续优化。过去那种盲目追求财富的方式已不再常见。一个成功的经营者通常具备稳健的性格和心态，他们不会急于求成，而是选择一个比较稳健的发展方案。因此，在选择项目的时候，人们通常会先从小额投资开始，逐步积累经验，再寻求合理的扩张模式。

比如，很多经营者会严格控制好资金的投入，他们的资金注入一开始会限制在 10% 或者 20% 的投资比例上，确保个人资金处于一个更加灵活、稳定的状态，不会影响个人的日常生活开支。可以说，项目的投资和设定会以维持整个资本结构和资本组合的稳定性为前提。一个有趣的事实是，根据国家统计局 2020 年公布的数据，2019 年中国人均国民总收入为 10 410 美元，每个月平均不到 5800 元。2019 年居民人均可支配收入是 30 733 元，这意味着我国 2019 年的居民人均可支配的月收入仅为 2561 元。对多数人而言，这样的收入显然不足以支撑大规模项目的运作，因此选择一些小项目开始运作实际上更符合多数人的现状。

首先，他们必须制定一个非常合理的长远规划，要知道，商业项目的规模并不是一朝一夕就可以构建起来的，而需按照计划循序渐进地推进，确保整个项目处于一种良性的稳定增长状态。在制订计划的时候，往往需要设定一个远大的目标，制订一个更加合理的方案，并且要有足够的耐心推进自己的计划。一般情况下，他们需要设置各种强有力的措施来督促自己按照计划推进副业的发展，并保证自己的决心。比如，没有完成各阶段设定的任务，就要给自己一些惩罚；每当实现一个阶段性任务，或者取得一些进步，就要给自己一些奖励。

有一些经营者更加看重成长的过程，因此在初期就要选择一个有潜力的项目逐步培养和扩张。为了控制项目增值的风险，就需要设定一个更为合理的成长计划，整个计划甚至需要一个具体的时间安排。比如，一些投资者会设定五年发展计划，整个计划都会从实际情况出发，每一个步骤都有严格的时间限制，避免盲目扩张。

其次，经营者应当培养强大的抗压能力，在事业面对挫折和失败的时候，能够继续保持信心和战略耐性，不轻易放弃。这一点非常重要，因为经营的风险可能难以预知。正因为如此，人们不仅要做好"遭遇更多挫折和失败"的心理准备，还必须时刻保持强大的抗压力，以确保自己的经营可以持续下去。

最后，人们在从事商业经营时，应当综合考量个人的投入，并制定长远的规划与目标。同时，人们还需要有足够的耐心来运营自己的事业，给予项目充分的成长空间与时间。

长线作业，不要被短期利益迷惑

在股票市场上，当一只股票从3元攀升至5元的时候，70%的人被短期利益吸引，选择在此时抛售，以获取可观的利润。然而，当股价从5元回落至4元时，约有25%的投资者会失去耐心，纷纷卖出持有的股票。仅有4%的投资者会继续持有，等待股价再次回升至5元时才考虑卖出。最终，只有1%的投资者坚持长期持有，不为市场的短期波动所动摇，而随着时间的推移，股价可能飙升至30元。

同样，在餐饮行业中，大约70%的人在获利之后，会选择把钱存起来，因此他们的月收益相对稳定。而30%的人会把赚到的钱分成两部分：一部分用于店铺的内部装修和扩张，另一部分则用于提高厨师和员工的薪酬，从而留住人才并增加营收。虽然短期内可能看不到显著的利润增长，但几年后，这样的店铺往往因为其优质的产品、卓越的服务和规模优势，在区域市场中脱颖而出，成为行业的佼佼者。

无论是股市投资还是经营店铺，最重要的是看得长远，要具备长线操作的思维，即便只是作为副业来投资，也不能忽视长期思维的重要性。全球最大的加速器Y Combinator的总裁萨姆·奥尔特曼认为，长期思维是"市场上仅存的几个套利机会之一"。相比于短期操作，长线操作的一个最大优势就是利用时间轴来实现财富的增值。它不注重短期收益，不看重一时的得失，不会被暂时的起起伏伏影响，而是着眼于建立一个财富增长的体系，无论是复利效应、规模扩张还是资本裂变，都是长线操作的核心策略。

在他看来，长期投资是财富增长的关键，这不仅适用于股市，同样适用于其他领域的项目经营，有助于人们积累财富。不过，人们必须保持足够的战略耐性，为自己的投资设定一个足够长的时间周期。

首先，需要寻找一个合适的优质项目。这个项目应展现出上升的发展趋势，并拥有巨大的成长潜力，能够带来更高的收益和回报。在评判项目价值的时候，许多人都喜欢用利润来衡量这个项目是否值得投资，但这并不能真正反映项目是否优质，也无法确定这个项目的盈利能力。相比之下，净资产收益率或许是更好的标准。净资产收益率是净利润与净资产的百分比，表明该项目可以通过相对少的净资产来创造很高的净利润。许多人会将净资产收益率与净利润率混淆，净利润率关注的是净利润和营业收入之间的百分比。

假设某人开了一家酒店，总投资约 200 万元，包括装修、房租、广告、厨具和桌椅等。一年之后，扣除所有的成本消耗，盈余 40 万元。这个时候，酒店投资的净资产收益率为 $40 \div 200 \times 100\% = 20\%$，而净利润率为 $40 \div 240 \times 100\% \approx 16.67\%$。20% 的净资产收益率已经是一个理想的投资回报，它意味着较低的成本和较高的回报。而高净利润率可能是以主营业务收入减少为代价的。

其次，给自己设定一个合理的投资周期，时间要尽量拉长，一般情况下要设定在 5 年以上。比如，巴菲特的长线投资哲学是："若你不打算持有某只股票达十年，则十分钟也不要持有。"在他看来，时间就是最好的盈利工具，只要项目的价值很高，那么时间越长，最终的获益也会越大。因此，真正需要进行长线作业时，应该设定一个时间规划，诸如 5 年计划和 7 年计划。对于一个好的商业项目来说，投资时间超过十年也不为过。

最后，在制订一个相对完善的投资计划之后，将相关的流程制度化，强制要求自己必须按照最初设定的步骤去走，不能轻易做出改变，即便出现了起伏，也要保持足够的战略耐性。战略耐性往往是人们最缺乏的，很多人在寻找到一个优质项目后，可能会有一个很好的计划，但在实施的过程中，往往会因为一时的起伏而动摇继续投资的意志。很多人在投资时相对审慎，觉得只要不亏钱就趁早收手。于是，他们经常不按最初设定的步骤去走，早早做出了改变。因此，我们需要用制度来约束自己的行为，避免对流程进行过多的干预，甚至直接打断流程。

如果说短期投资更侧重战术上的取巧，那么长线作业更像是一种战略布局，两者各有特点。短期投资对于博弈的要求很高，而且需要投入的时间和精力比较集中，风险偏大，投资者稍不谨慎就会被一些投资陷阱困住。从赚钱的角度来说，长线作业对财富的增加更有效果，风险也相对更低。

然而，长线作业并不适合所有人，也不适合所有的商业项目。第一，投资者必须评估自己能够承担的投资成本，以及是否具备承担这些成本的能力。在大多数长线作业中，项目投入是一个持续且漫长的过程。这是一个不断累积成本的过程，如果人们不具备足够的资本或者时间来维持运营，那么长线作业也就失去了最基本的支撑。只有明确成本不会对个人资产造成较大的压力，才可以推动项目在一个较长周期内运转。第二，长线作业的关键在于成长空间，如果相关项目的成长空间很大，那么适合拉长经营的时间；如果项目没有什么价值可挖掘了，那么及时放弃是明智之举。

选择那些更能持久发展的项目

随着经济的蓬勃发展，人们对于创收的热情日益高涨，因而不断地寻求各类机遇。有些人甚至频繁更换所从事的行业，以期望找到最适合自己的那一个行业。这些人的工作履历非常丰富，做过各种兼职，包括推销员、保险销售、酒店服务生、传单派发，甚至保安工作。这些工作不仅杂乱，而且明显被视为临时工作。可以看出，这些人往往缺乏对未来及职业道路的明确定位与规划，而这样的结果自然是收获有限，成效不尽如人意。

对大多数人而言，缺乏规划一直是其财富积累上的主要短板。一方面，许多人在寻求赚钱机会时，倾向于选择短期兼职或是仅需一两年便可完成的项目。对他们来说，工作仅仅是一种解决眼前经济困难的手段，可以随时更换或放弃，因而往往不会考虑需要长期投入的工作。另一方面，他们在经营时并没有经过认真的审核与分析，对于各个项目也缺乏足够的了解，因此常常会选择一些本身就不具备长久发展属性的项目。像业余时间发传单，下班后送外卖，一些短期的投资，基本上都是暂时性的项目，很难长久维持下去，收益往往也很有限。

相比之下，选择一些具有持久发展空间的项目，无疑是更好的选择。这些长期的项目往往发展比较稳健，长期都有收益保障或者固定收益，不过需要长时间去经营和维持。通常而言，无论是经营者还是投资人，首要任务是改变认知模式，变着眼短期利益为展望长期收益。我们应该认真考虑，并将工作项目视为一项长期的投资来经营，而不是一味追求快速获利。只有通过长远规划与持续努力，我们才能实现真正意义上的成功与财富积累。而要做好长期操作的准备，便要选择本身就具备长期发展优势和属性的项目。那么，如何才能选择这类项目,它们又具备什么样的特点呢?

特点一:需持续投入以维持运营的项目

当项目需要不断投入时间、精力、资本和其他资源的时候,通常能够保证更长时间的运营。这是因为创造收益往往需要较长时间的投入。比如,创办实业或者进行实业投资,尤其是开设公司或店铺,通常都需要投入大量的资金、时间、精力、人力和物力。这些投入通常需要通过一段时间的运营逐渐回收成本并产生收益,从而在客观上保证了对项目的持续关注和投入。

自媒体运营亦是如此。打造自媒体品牌并非一蹴而就,而是需要大量的人力和物力来运营账号、吸引流量。这类需要长时间运作和不断实践磨炼的项目,只要没有意外情况,往往能够更持久地维持运营,且经营者也倾向于长期发展。

特点二:具有品牌加成的项目

没有任何项目或企业能够永远持续发展,但一些企业通过建立强大的品牌,拥有了更长的生命周期,并赢得了人们的信任。比如,购买可口可乐公司的股票肯定要比投资一家不知名的公司的股票更明智。作为全球最大的饮料公司,可口可乐公司拥有全世界最大的营销市场和客户群,其品牌效应轻松吸引了大量投资者。相反,对于那些没有品牌优势的项目,它们在市场上的竞争力非常有限,难以长久维持运营。无论是餐饮业、科技产业,还是能源产业,投资品牌项目的确能够带来更多的机会。

特点三:具有良好前景和巨大发展空间的项目

通常来说,一个项目能否持续发展下去,往往和项目本身的发展潜力有关。若项目拥有广阔的发展前景,能够在未来开拓出巨大的市场,那么它通常能够展现出较长的发展周期。比如,越来越多的人开始关注人工智能和物联网,并且投资与之相关的项目,原因就在于这两个行业未来会成为改变和影响人们生活最重要的要素,巨大的市场和发展空间可以支撑起项目长远发展的需求。

尽管许多人可能认为这些项目过于高端,但实际上,一些消费型产业同样适合长期发展，如餐馆业。餐馆的经营通常需要大量的成本投入，并且需要不断更新菜品和增强吸引力以保持竞争力，而这些都需要时间来积累。另外，餐馆作为保障人们基本生活方式的重要产业，其发展空间巨大，不可或缺。

特点四：具有长期竞争优势的项目

一个项目能否持续发展下去，往往和这个项目在市场中的竞争优势有关。能够长期保持竞争优势的项目，往往就具备了持续发展的能力，也具备了持续迎合市场需求的空间。对于普通人来说，这样的项目并不少见，比如经营土特产。严格来说，土特产往往更能迎合人们追求健康、天然食物的需求，而且它具备的文化属性也是很多商品所缺乏的，这些就是土特产长期的竞争优势。目前，土猪肉、土鸡蛋、山货都具有很大的市场空间，而且未来会越来越受重视。

私人护理产业也是一个具备长期竞争优势的项目。随着社会的进步和生活水平的提升，人们对于个人生活质量越来越看重，很多人都希望能够寻找更专业的人来帮忙照看孩子、照顾老人，因此私人护理业务的需求量越来越大。保姆、私人医生、私人厨师都具有很好的发展前景。

其实，能否持续将一个项目做下去，还是要看自己的决心和毅力，要看自己具体的操作水平和对局势的掌控能力。选择一个更能持久发展的项目，只是为了方便自己更好地推行战略计划。

打造核心竞争力，为持续发展奠定基础

在任何领域，竞争都是不可避免的现实。只要我们参与其中，就不可避免地要与他人竞争。个人要在行业里站稳脚跟，必须塑造自己的核心竞争力；项目要想实现长期发展并保持盈利，更需打造核心竞争力。

核心竞争力的概念最初是由美国著名管理学者加里·哈默尔和C.K.普拉哈拉德共同提出。它往往决定了个人、团队或者企业的发展方向，是谋求长远发展并长久保持竞争优势的关键。核心竞争力是指那些能够带来比较竞争优势的资源，以及资源的配置与整合方式。技术优势、创新优势、管理优势、资金优势、服务优势、资源配置能力等，都属于核心竞争力的范畴。

如果人们想要开一家食品店，那么就要重点提升自己的手艺和服务水平，用心打造特色美食、特色服务以及独特的美食文化。例如，开设餐馆时，确保菜品的独一无二至关重要，无论是色香味的完美结合，还是选材的独特性，都应确保无法轻易被模仿。

对于从事咨询、培训和教育工作的人来说，专业知识是赢得竞争的关键，也是他们能在行业内长期立足和发展的保障。例如，有人通过知乎的付费咨询服务赚钱，那么在解答问题时，保持专业性是至关重要的。通过不断扩展知识的广度和深度，逐步建立权威性，从而提升个人影响力。

同样，对于科技产业来说，核心竞争力往往就是技术和创新能力。只有创新能力出众和技术保持领先的企业，才能在竞争中脱颖而出，并保持长期的竞争优势。

对于投资者来说，发掘自身的独特优势至关重要，而这首先需要确立一个恰当的市场定位。很多人在经营的时候，往往不会认真进行分析，只是单纯地将其视为一项兼职工作。这种随意的安排往往会导致一个问题：经营者会选择自己不擅长的项目与其他人竞争，或者说他们根本没有想过自己擅长什么，这就导致他们在进行自我定位的时候容易出错。

定位理论的奠基人杰克·特劳特曾提出一个经典观点："当你创造一个新产品的时候，你需要问的第一个问题，不是'我比竞争对手好在哪儿'，而是'我在哪个方面是第一？'"在特劳特看来，每一个人都需要给自己一个明确的定位，凸显自己最大的优势。一个人也许在很多方面都很出色，但只有把握住那些最大的优势，找到核心竞争力，才能在竞争中赢得先机。

所以，人们在选择经营项目的时候，不妨先问自己三个基本问题。

问题一：跟我竞争的人是谁？
问题二：他们在哪些方面是强项？
问题三：我有哪些东西，是他们（可能）不具备的？

明确了这三个问题的答案，人们就可以识别自身最大的优势，在实际的运营和操作中，有意识地去引导和管理自己在别人心目中的印象，强化这个"第一"，贴上自己最想要也最重要的那个标签，再努力将自己从"第一"变成"唯一"。

比如，一个人准备在某杂志平台投稿，并期待着成为签约作者。可是在这个行业中，绝大多数人都是文学爱好者，有些人还是专业的写手和作家，而这些人中有很多人具有一定的投稿经验和知名度，他们甚至还积累了丰富的人脉关系。那么，自己与他们相比，具备什么样的优势呢？是具有丰富的人生阅历，还是具有独特的思维模式，或者具备另类的写作风格？为了获得写作平台的认同，他必须找到自己独一无二的优势。

如果一个人想开餐馆，就需要弄清楚本地市场或者附近几公里以内的餐馆情况。他需要了解这些餐馆的类型以及主要的经营项目，了解他们的特色食物是什么，生意如何，是不是具有超强的吸引力。然后，个人需要明确自己擅长烹饪哪些菜肴，自家餐馆的食材是否具有独特性。进行自我定位的人，需要了解行业的基本现状，了解竞争对手的信息，同时挖掘自己的优势，确保自己可以在优势项目上建立真正的竞争优势。不过，寻找个人优势只是一个起点，想要真正在发展中构建长期优势，往往还需要强化和扩大自己的优势，保证竞争对手很难赶超。

第一，继续强化自己的核心优势。想要具备长期竞争优势，最有效的方法之一就是不断加强自己的核心竞争力。比如，一家小商品超市最大的优势就是产品种类丰富，这是本地其他商店或超市所不具备的，因此产品多样性成为其核心竞争力。为了长期维持这种优势，最佳策略是不断扩展产品线，特别是加强特殊商品的供应。在竞争中，任何核心竞争力都不可能永远保持绝对优势，因此必须不断强化优势，并对竞争对手的追赶做出积极反应。

第二，加强创新，持续建立优势。对于任何一个行业来说，创新都是保持竞争优势的良方。当然，这种创新并不仅仅是技术创新和产品创新，营销模式创新、服务创新、管理理念创新，都可以纳入创新的范畴。副业经营者需要依据自身的优势和发展状态寻找创新点。比如，开餐馆的人可以用自己独特菜品和秘方作为核心竞争力，同时考虑到顾客可能对现有菜品产生审美疲劳，一方面可以不断推出新的特色菜，另一方面可以从独特的营销模式（如用餐积分、菜品兑换积分）和创新的服务模式（如上门服务、顾客定制菜品、卓越的服务态度）等方面寻求突破。

综上所述，人们需要把握自己的核心竞争力，并且持续推动和强化这种核心优势，以便长期在竞争中获得领先。培养个人的核心竞争力不仅是适应当前社会挑战的关键，也是为自身长远职业生涯铺设坚实基础的必经之路。通过持续学习与自我提升，每个人都能在日益激烈的竞争环境中脱颖而出。

利益共享
才能把生意越做越大

在投资经营的时候，如果有机会获得更高的利润，你愿意让更多的人参与进来吗？你会与他人进行合作吗？你愿意让利给合作伙伴吗？面对这几个问题，也许很多人会产生这样的想法："我的事业还不够稳定，目前规模小，利润少，没必要让更多的人参与进来。""只有我垄断了这个项目以及这个产业，才能赚到更多的钱。"在他们看来，项目本身的利润并不高，如果让其他人参与进来，自己获得的利益会变得更少，只有垄断这项事业才能够保证利益的最大化。

事实上，从经营的角度来看，合作往往能更有效地推动项目的扩张和发展，也能更显著地提升项目收益。

H 先生每年都可以帮助家族的工厂卖掉 500 件产品，纯利润达到 40 万元，单件产品的利润为 800 元。连续 5 年，他的收入都很稳定，总收入达到了 200 万元。

H 先生的弟弟同样帮助家族开拓市场，他每年也差不多能卖出去 500 件产品，纯利润也是 40 万元。做了一年之后，他觉得虽然单件产品的利润已经非常高了，可是整个产品的销量一直难以拓展开来，因此总收益非常有限。第二年，他不再自己跑市场，而是与销售员 B 和 C 合作。他负责进货并承担所有费用，而 B 和 C 专门负责销售，产品的利润对半分。结果，B 卖出去 600 件产品，C 卖出去 500 件产品。这样一来，他一年得到的利润就变成了（600 + 500）× 800/2 = 44 万元。通过让利给聘用的两个销售员，他的收入反而比之前增加了 4 万元。

为了进一步提升销量，H先生的弟弟决定继续让销售员B和C发展下线，从而成立一个更大的营销团队。他提出了一个新的合作方案：自己从每件产品中抽取300元的利润，剩下的由B和C支配，但是B和C每年必须卖出至少2000件产品。签订合同之后，B和C立即各自发展了3名下线，并商定每件产品自己获得300元的利润，而下线获得200元的利润。一年之后，B和C发展出来的6个下线，一共卖出了2400件产品。B和C各自获得了300×2400/2＝36万元的收益，而H先生的弟弟则获得了300×2400＝72万元的收益。到了第四年和第五年，团队的销量进一步扩大，他的收入分别达到了81万元和84万元，而五年来的总收入也因此达到了40＋44＋72＋81＋84＝321万元，远远超过了H先生的总收入。

因为善于让利给下线，善于进行合理的利益分配，H先生的弟弟更好地拓展了销路，也获得了更大的收益。这就是市场运作的一个基本法则。如果对市场经济进行分析，就会发现，随着市场的日益完善，类似的分工和让利模式越来越普遍，它比单纯的一对一交易更加高效。

从某种意义上来说，当前的市场是一个共赢市场，市场上的竞争对手与交易伙伴同样可以实现共赢，并不存在传统思维中"一方赚钱，一方必定亏钱"的情况。市场这块大蛋糕并不是固定不变的，有人分了其中的一块，并不意味着其他人就要少吃一块。随着参与者增加，市场也有可能越做越大。从市场发展和循环的角度来说，构建一个良性的健康生态链是关键，只有打造更多高效的合作模式，才能推动市场逐步变大。

人们必须摆脱那种传统的、落后的思维，要以发展的眼光来看待竞争问题，要以合作的态度来应对市场竞争，坚持以利益共享的姿态来发展新的项目。利益共享模式在市场经营中非常重要，它往往奠定了自身发展的模式和格局。比如，最常见的就是发展下线或者寻求合作伙伴一同经营，大家可以按照约定的比例出资，按照约定的比例分账。也可以选择分工的形式进行合作，每个人都在团队中扮演不同的角色，然后按照最终的贡献值或者出资比例分账。在各种不同的合作形式中，最重要的是找到一个盈利增长点，以确保产生"1＋1＞2"

的效果。

一个人投资 20 万元开设餐馆，与联合另一位伙伴共同经营，两者之间存在显著差异：独立经营时，往往需独自面对亏损的风险；而两人合作则能降低开支，减轻潜在风险。此外，由于个人的能力和人脉资源有限，独立经营的餐馆扩张速度可能不及两人合作时迅速，毕竟多一位合作伙伴，就多了一份人脉资源。再者，独立经营时，经营者可能需要亲自承担所有工作，除了雇用员工外，无人可依赖；而采取合作方式，就相当于找到了一位新的助手，对方可能擅长财务管理、装修设计、烹饪技术，或者在营销方面有独到之处。当合作双方各自拥有不同的优势和专长时，通过合理的分工，就能产生更强大的互补效应，从而激发市场更大的活力。

一个非常简单的例子：一个人种植水果，往往很难形成规模，只有让更多的人参与进来，才能形成一个水果基地，才能打响品牌带动地区经济的发展。在大多数时候，个人是无法真正推动一个项目或者行业进入巅峰状态的，想要确保行业持续进步和壮大，就要拉拢更多的人一同合作，共同将整个项目以及整个产业做大。如果对各行各业的项目进行分析，就会发现，利益共享会带来更大的效益。例如，马云无法单独推动电商和互联网发展到今天的高度，顺丰也无法独立推动快递业的快速发展和壮大。一个行业中的参与者越多，就越有可能形成更完善的产业链，从小规模发展到大规模。

华为创始人任正非曾经说过："就像西瓜切成八块，我只要一块。我跟日本的公司说，我绝不会去搞物理，我就是搞数学逻辑。这样日本的公司就放心了，我不会泄露它们的材料技术，譬如永远不会搞氮化镓。我跟微软也说了，我永远不会搞搜索，微软也就放心了。在国际分工中，我们只做一点点事，以后也只能做一点点事。"在任正非看来，一个明智的决策者不会独占所有市场和利润，因为独占市场意味着限制了市场的发展。

经营项目也是如此，从短期收益来看，也许个人经营要比合作更赚钱；但是从长远来看，人们想要真正经营好一个项目，就需要懂得借助他人的力量形成规模效应，借助他人的资源赢得更多的发展机会。实行利益共享的合作模式，无疑会推动产业的进一步发展和壮大。

第四章

充实自己，
提升经营赚钱所需的能力

在这个瞬息万变的时代，充实自己并不仅仅为了追求个人兴趣或满足好奇心，它更是一种生存策略。特别是在我们探讨如何更有效地经营和盈利时，它成为实现财务自由的关键途径。随着全球经济一体化的深入发展和技术的迅速迭代，市场环境变得日益复杂多变。这要求我们持续学习新知识、掌握新技能，以便在激烈的市场竞争中保持不败之地。

掌握讲故事的技巧，积极引流

在商业运营中，无论是开设店铺、创办公司，还是从事自媒体，营销都是不可或缺的一环。为了确保通过合适的方法高效扩大市场影响力，吸引潜在客户至关重要。在营销领域，讲故事是一项关键技能。《故事思维》的作者安妮特·西蒙斯提出，任何事物都可以通过故事来清晰表达。诺贝尔奖得主赫伯特·西蒙也强调，随着信息量的激增，未来的核心不再是信息本身，而是如何吸引和保持注意力。

因此，精通并巧妙地运用故事来提升市场影响力变得至关重要。这里所说的讲故事，特指一种营销策略，而不仅仅是日常生活中用于娱乐或教育的叙述方式。例如，在营销中，故事的情节可以非常简单，甚至可以隐而不显，正如那句著名的广告词所言："我们不生产水，我们只是大自然的搬运工。"这便是一个成功的营销案例。

那么，想要让自己的项目获得更多的关注，吸引更多的流量，应该如何讲好故事呢？通常，一个引人入胜的故事需要包含四个关键要素：说服力、情感共鸣、非凡的想象力和实用性。

说服力主要是强调对客户的吸引，确保客户心甘情愿地相信自己购买的产品具有很高的价值。为了提升说服力，故事必须合理且真实，需要构建一个真实的框架和充实的内容，并用具体的数据和证据来支撑所描述的内容。一般来说，需要在故事中加入一些贴近生活的案例，加入翔实的数据，重点凸显产品的优势。当然，也可以通过第三方的评价来证明产品的优势。

比如，一位从事直播行业的主播，在夸赞自家品牌和产品时，可以直截了当地说"我们的品牌知名度和产品销量一直名列前茅",也可以选择这样表述:"在过去的三年中,我们的品牌始终位列国内销量前三甲。仅去年一年,单在我们一家店铺就售出了50万件产品。"显然,前者显得过于泛泛,缺乏说服力;而后者因为提供了具体数据,显得更加可信。

情感共鸣谈论的是在情感上引发他人的同理心。一般来说,更加贴近生活化,更加接近个人生活体验和人生经历的表达,会引起情感上的共鸣和认同。比如,有很多人在介绍自己的产品时,倾向于使用高端大气的描述,但实际上,如果融入一些生活化和情感化的元素,反而更能触动人心。通常,共同的生活经历和记忆、充满情感的表达、共同的价值观以及生活化和细节化的描述都能增强情感的吸引力。

有一家名为"心连心肉饼"的店铺,经常将顾客的故事记录下来,并展示在店内墙上:"有一位母亲,每天清晨4点就来到店里,为即将参加高考的儿子准备早餐""一位70岁的老爷爷,每天都会推着中风的老伴来店里享用一个肉饼""这是张医生在人民医院度过的第245个夜班,每一个肉饼都是他辛勤工作的见证"……这些简单却感人的故事,展现了普通人的生活和情感,迅速赢得了顾客的喜爱。

非凡的想象力是故事营销的内核,只有做到与众不同,才有可能抓住眼球。正如广告大师乔治·路易斯所说:"在我的内心深处,我常常说,如果做广告是一门科学,那么我就是一个女人。科学和技术显然影响并塑造着广告,但是说到底,广告是一门艺术,它来源于直觉,来源于本能,更为重要的是,来源于天赋。"一个出色的营销人员需要非凡的想象力来支撑自己的故事,通过非同寻常的故事设定来吸引观众。比如,讲一个全新的故事,设置意想不到的情节和悬念,创造令人难忘的角色,这些不仅能让自己的产品更受欢迎,还能为自己的副业项目增添神秘感。非凡的想象力通常需要依托虚构的人物、独特的故事剧本、夸张的艺术手法、出人意料的情节结构和结局来实现。

一位办公室白领每晚都会前往夜市摆摊，销售各种儿童挂饰和玩具。为了提升销量并保持持续的热情，他从《一千零一夜》中汲取灵感，决定每晚为孩子们讲述一个自己创作的童话故事，每个故事的主题都与他所销售的商品紧密相关。坚持了近三年，他恰好讲述了1001个故事，迅速打响了个人品牌。

实用性强调故事与副业项目的紧密联系。故事应服务于产品，缺乏系统和恰当的结构，就可能与产品脱节，即便故事本身再吸引人，也失去了实际价值。实用性的体现包括：一是通过故事展示产品的性能、价值和文化内涵；二是确保故事内容与产品卖点相契合；三是故事应简洁明了，便于清晰传达信息，过于复杂的故事往往缺乏实用性。

一个做餐饮的人，兼职代理治疗风湿骨病的药材。为了促进销售，他每天都会向顾客讲述一个真实的风湿病案例，这些故事涵盖了风湿病对健康、生活的影响以及服药前后的生活变化。他的故事很快引起了顾客的关注，代理生意也日益兴隆。

讲故事是营销的基础，也是一种必备技能。然而，要讲好一个故事，吸引听众，并在讲述过程中传递正确的价值观和情感逻辑，突出项目优势和产品卖点，还需要掌握更多技巧。例如，学会设置悬念，迎合顾客的期望，设计互动环节，以及运用肢体语言来增强故事效果。然而，技巧的掌握并不保证故事的成功，保持情感的真挚才是好故事的核心。

提升资源整合能力，确保资源效用最大化

为了提升资源整合能力，确保资源效用的最大化，在项目经营过程中，我们必须保持高效的运作。这不仅要求我们选择优质的项目，还需要采纳高效的经营管理策略。在管理实践中，如何有效地整合资源，确保资源利用价值最大化，是一项至关重要的任务。鉴于众多项目与创业紧密相关，资源整合能力已成为一项不可或缺的技能。

那么，资源整合究竟是什么呢？简而言之，它是在特定条件下，寻求资源组合的价值最大化。资源整合的前提是在现代管理理念的支撑下，坚信任何事物和任何人都是有价值的，并且存在一个最佳位置来发挥这些价值。资源之所以未能充分发挥作用，往往是因为它们没有被放置在正确的位置，未能形成更佳的组合。因此，资源整合实际上是为了确保资源达到最优组合，实现利益最大化。

一般来说，资源整合的方式包括以下几种。

形式一：人尽其才，物尽其用

管理的核心就是对人进行管理，而对人进行管理时，最重要的就是确保每一个人能够发挥出最大的潜能。因此，在人事安排之前，管理者应该对团队成员的能力和专业有一个详细的了解，明白他们最擅长什么，最大的优势又是什么，然后依据岗位需求进行合理安排，确保每个人都出现在最合适的岗位上。

同样，任何一种资源都有其使用价值，人们要做的就是对各种资源进行合理安排和调度，确保它们能够发挥出应有的价值和效用，避免资源浪费。例如，

一台机器在生产物资 A 时可能只能产生 60 分的效益，但如果用于生产物资 D，则能产生 90 分的效益。显然，它更适合用于生产物资 D。简而言之，每一种资源都应在生产活动中得到充分利用，无论是螺丝钉还是木板，都应找到它们能够发挥价值的地方。

鉴于有些经营过程中所拥有的资源可能并不充裕，我们更需提高资源利用效率，增强资源的利用价值。因此，我们必须将最合适的人安排在最合适的岗位上，将最合适的资源用于最合适的项目和环节，确保人力资源和物力资源得到最充分的利用。

形式二：资源互补

在资源整合当中，如何实现资源的互补是一个非常重要的课题。由于人力与资源功能价值的限制，无论是团队的内部分工，还是资源的相互配合，都是为了确保整个项目可以高效运转，并且保证收益的最大化。而为了推动内部资源的互补，项目的经营者需要对身边所有的资源进行了解——包括不同资源的特性，不同资源所具备的价值，不同资源所扮演的角色——然后依据实际操作中的需求进行搭配，确保将具有不同优势和功能的资源以最佳方式组合起来。

资源互补通常涉及功能互补、价值互补、渠道互补、市场互补等多种形式。功能互补主要是强调协作中的能力分工，每一种资源都要发挥自己的专业优势：有的侧重技术，有的侧重营销，有的侧重监督，有的侧重财务……不同的功能划分决定了不同的价值。价值互补则强调资源价值的整合，每个人和每种资源都拥有独特的价值，即便是同一个团队中成员们也各具特色：有的人善于协调团队关系，有的人善于激励员工，有的人具有领导力，有的人能够掌控节奏……渠道互补和市场互补更多的是强调不同渠道和不同市场的开拓，比如有的产品适合开发高端市场，有的主要迎合终端市场，有的主要针对低端市场。

因此，在经营项目的时候，需要将所有的资源进行分类，识别并利用那些契合度高的资源，以确保资源能够高效协同工作。

形式三：资源的平衡与分配

所谓资源配置，通常指的就是个人资产结构的调整。在执行项目时，合理调度资源至关重要，既要保证项目高效推进，又要避免资源过度消耗对生活质量或经济状况造成负面影响。通过明确目标、量入为出、分阶段实施并保持灵活调整，可以有效优化资源配置，实现项目成功的同时维护良好的生活与工作平衡。通常情况下，我们可以坚持二八原则，即仅用20%的资源投入经营即可。当然，具体的配置比例需要按照个人的经济实力来决定，中产阶级家庭可以按照二八原则来分配资源；低收入家庭则需要进一步减少项目投入；而富裕家庭则可以将更大比例的资源投入到项目中。

在我们开展众多商业项目时，必须明确区分项目的优先级。对于关键项目，应投入更多资源，而次要项目则可以适当减少资源分配。资源配置应具有针对性，明确每个项目缺少哪些资源，哪些项目最需要资源，以及所需资源的具体数量，确保精确而有效地调配。在分配资源时，我们要追求精确配置，避免资源浪费或不足。

除了以上几种常见的方式之外，还有一种资源整合方式，那就是确保资源出现在价值最高的地方。而且，为了保证整体收益最大化，必要的时候可以舍弃一些资源。比如依据彼得原理，人们往往倾向于晋升到自己无法胜任的职位。假设甲、乙、丙分别晋升一级，面对A、B、C三个项目。甲在项目A上能创造30万元业绩，在项目B上能完成50万元，在项目C上也是50万元。乙在项目A上能完成10万元，在项目B上能完成30万元，在项目C上能完成50万元。丙在项目A上能完成5万元，在项目B上能完成10万元，在项目C上能完成30万元。那么，如何为他们分配任务呢？

按照常规思维，可能人们会直接做出安排，让甲做项目A，乙做项目B，丙做项目C，这样总收益为30＋30＋30＝90万元。几个人都在自己无法胜任的岗位上工作，发挥都会受到限制。

如果让甲做项目A，乙做项目C，丙做项目B，总收益是30＋50＋10＝90万元；如果让甲做项目C，乙做项目B，丙做项目A，总收益是50＋30＋5＝85万元；如果让甲做项目C，乙做项目A，丙做项目B，总收益是50＋10＋10＝70万元；如果让甲做项目B，乙做项目A，丙做项目C，总收益是50＋10＋30＝90万元；如果让甲做项目B，乙做项目C，丙做项目A，总收益是50＋50＋5＝

105万元。

通过分析和对比，我们可以清晰地看出，指派甲负责项目B、乙负责项目C、丙负责项目A，将实现收益最大化。实际上，这一策略借鉴了古代田忌赛马的智慧，即以优等马对抗中等马，中等马对抗劣等马，劣等马对抗优等马。这种方法的核心在于放弃效率最低或创收能力最弱的环节，转而让其他环节以一种降维打击的方式，最大限度地发挥其潜力。通常，在资源有限的情况下，采用这种策略能够有效地确保收益最大化。

打造多维度的知识结构，提升分析能力

许多人对全才与专才的概念存在误解，他们认为全才意味着广泛涉猎，学习各种知识，以便掌握更多不同领域的工作技能。而专才则被看作是在特定领域内具有深厚造诣的人才，他们只需精通某一学科，专注于一个领域的知识，并擅长某项专业工作。因此，专才的知识被认为是单一和定向的，通常局限于一个维度。

其实，全才和专才的区分并不在于知识结构是否单一上，全才需要更多类型和更大跨度的知识储备，而专才同样需要很丰富的知识结构，只不过专才在某一领域更为突出，并且将大部分精力放在这一领域而已。很多所谓的专才都具有多维度的知识结构，他们的知识面很广，对很多非专业领域的知识都有所涉猎，而且能够在不同领域的知识中发现内在的关联性。

很多人将已故的苹果公司创始人乔布斯视为技术专家，但事实上他在管理方面也颇有建树，擅长合理配置资源；在产品设计上，他堪称美学大师，懂得如何吸引消费者；在沟通表达上，他非常善于讲故事，懂得利用故事营销抓住客户和消费者的心，这和一般的技术专家截然不同。有时候，他更像是一个哲学家，他对于整个公司的管理、产品的设计、对创新的理解以及对整个世界清晰而成熟的洞察，都处在一个非常高的哲学层次上。乔布斯是专业领域内的顶级人才，但是这种强大的专业能力是依靠各种不同类型的知识来支撑的。

很多杰出的商人、企业家和投资者都喜欢阅读，而且涉猎非常广泛，只要是有价值的书他们都会看。比如，投资大师查理·芒格数十年来持续阅读数学、哲学、历史、经济学、法学、化学、生物学、物理学、工程学、心理学等学科

的书，从而构建起丰富的知识体系。作为沃伦·巴菲特的合伙人，查理·芒格的主业是帮助巴菲特管理伯克希尔·哈撒韦公司，而他的副业是投资。他一生所做的投资非常少，但每一笔几乎都堪称大师之作，这得益于他能够运用跨学科的知识，从不同领域汲取智慧，形成了大约100种思维模式。这让他在面对投资方面的问题时能够迅速激活大脑里面的思维模式进行分析，并给出合理的判断和决策。

对任何人来说，学习都是成长的必经之路，而不断学习新知识则有助于人们更全面地发展，拓宽知识视野，提升思维格局。要想真正成功地经营项目，管理者需要构建一个多维度的知识体系，这个体系必须与经营需求紧密相关。项目本身可能具有跨专业、跨领域的属性，因此人们必须掌握新的技能和技巧及解决问题的新方法。因此，掌握更多的知识，构建丰富的、多维度的、立体的知识架构，变得很重要。

考虑到项目经营可能需要涉足新领域，需要掌握更多的新知识，因此丰富的知识构成变得很有必要。比如，如果有人想要经营理财产品、店铺或直播等项目，他们在拓展和管理这些项目时，需要掌握各自领域的专业知识：理财投资知识、店铺经营和管理知识、营销知识、股票投资的基本操作方法和理念，以及直播的一些基础知识。

不仅如此，为了更好地推动项目的进展，他最好掌握不同类型的知识，并对各类知识进行整合，像财务知识（会计）、理财知识（打造合理的资产组合）、数学知识（计算能力）、英语知识（对外营销）、统筹学知识（时间安排和资源配置）、概率学（盈利与风险的评估）等。经营者还需要掌握经济学的一些基本知识，丰富而多维的知识结构可以帮助人们从不同的角度进行分析，构建起各种高效的思维模型。

一般来说，想要打造多维度的知识结构，人们就需要想办法多接触专业知识以外的知识，了解更多不同领域的知识点。这要求我们摒弃传统的学习观念，即仅在需要时或从事某项工作时才学习相关知识，而是应将学习视为个人成长不可或缺的一部分。因此，我们平时应该多阅读，将阅读范围拓展到专业知识以外的领域，并要养成看书的良好习惯。此外，我们平时要注意多向不同领域内的人学习，了解更多不同领域的知识，同时向行业内的前辈求教，积累丰富的经验和技巧。另外，我们要善于观察，养成观察生活的良好习惯，从周边的生活中挖掘有价值的信息，掌握实用的技巧。总之，学习知识的渠道多种多样，而每一种类型的知识都有其特定独特的价值。

多维度的知识结构有助于我们做出更明智的决策，而决策过程本身应该是多元的，没有一成不变的模式或框架。人们可以运用不同领域的知识从不同角度进行分析，寻求不同类型的答案。

此外，人们不要孤立地看待这些知识，而应认识到不同学科之间存在知识的交叉，它们之间相互作用、相互补充、相互强化。只有那些勤于思考、善于分析的人，才能从每门学科中提炼出独特的思维模式，并在众多思维模式中找到共通之处和内在联系。一般来说，每个人的头脑中或多或少都有一些思维方式，这些思维方式是由个人知识积累和经验积累构成的。人们应该将不同的思维方式归类于大脑中规划好的不同区域，并确保每一个区域都相互贯通，这样一来，在使用的时候便可以真正做到融会贯通。

掌握自我包装的能力，打造最佳的身份

在项目经营当中，包装扮演着至关重要的角色。如果将经营能力和项目价值视为核心，那么包装便是锦上添花；若将个人才能和项目价值比作宝藏，那么出色的包装技巧便是对宝藏的深度挖掘与精彩呈现。一个项目若要赢得广泛认同并拓展市场，就需要借助强大的包装能力来展现其魅力。

一位医术高明的老中医在县城开了一家诊所，尽管他每天下班后都会到诊所坐诊，但由于之前不擅长自我推广，知名度不高，未能吸引众多患者。为了提高知名度，他聘请了一支营销团队来包装自己。营销团队重点宣传了老中医的过往成就，并以他的治疗理念为核心，推出了一种以他名字命名的疗法。不久，诊所便门庭若市。

一位擅长制作蛋挞的糕点师傅开设了自己的糕点店，但面对满街的国际品牌面包店，生意并不理想。针对这个问题，糕点师傅想了一个办法，他将自己每天制作蛋挞的视频发到短视频平台上。他的幽默风趣和独特的制作工艺吸引了大量观众。为了让人记住自己，他还给自己起了一个有趣的昵称："××蛋挞十三哥。"这个昵称迅速在网络上走红，他的蛋挞生意也随之变得异常火爆。

包装不仅体现了个人品牌和项目品牌传播的策略，还突显了品牌的价值。它赋予个人或项目一个更优质的身份和清晰的定位，涵盖了更佳的个人形象、更专业的素养、更卓越的技能，以及更具特色的产品和服务。从这个意义上讲，自我包装实际上包含了几个关键内容。

内容一：塑造个人的品牌

美国管理学者汤姆·彼得斯说过："我们每个人都是'自己'这家公司的首席执行官，在今天的商业社会里，我们最重要的工作就是打造那个叫作'你'的品牌。"无论是在开设店铺、从事业务还是进行投资，要在所处领域确立自己的地位，就必须塑造一个独特的个人品牌，这正是最直接且至关重要的身份标识。品牌的塑造往往比较多元，但通常与一个核心且显著的标签紧密相关。比如，有人会给自己的店铺取一个有内涵且响亮的名字，以便让人迅速记住。又比如，有人会强调自己独一无二的优势并将其包装成一个卖点，原生态农产品、纯手工制造、零添加、独家合作商、首款有机材质等。无论是技术、能力还是资源优势，这些往往都会成为品牌的一部分。

内容二：外在形象的包装

无论是企业还是个人，都需要进行形象包装，这主要关注于外在形象的展示。比如，对企业和商店而言，形象包装主要包括内外部装修以及高端的广告营销。对个人而言，形象包装包括对个人的衣着、言行举止、价值观、气质、地位和财富的展现。个人在经营副业项目的时候，一方面需要确保项目形象的正规性，另一方面则要突出个人形象，让人一下子就产生"专业""自信"的感觉。这对于提升顾客的信任很有帮助。

内容三：打造一个展示自我的平台

自我包装往往离不开自我营销，营销本身就是自我包装中不可或缺的一部分，从某种意义上来说，营销才是包装的关键。如果没有强大的营销能力，那么个人的形象再完美，也难以被客户了解。正因为如此，人们需要积极打造一个个人的平台，用于简单介绍自己。在这个平台上，人们可以分享个人信息、创业经历、副业项目的情况和特色，并展示自己的特点和项目的优势。比如，许多经营企业或店面的人士会创建官方网站，提供关于企业和项目的信息，也有人开设个人信息平台，用以介绍和展示自己。

在着手包装之前，务必仔细审视个人的优势所在，明确在经营项目时最显著的优势和特点。尽管我们可能拥有多重优势，但通常会有一个最为突出，这个核心优势是塑造品牌形象的关键，也是最应突出展示的部分。因此，应将这一优势和特点作为重点进行包装，将其打造成为项目的最大卖点。当然，整个副业项目的包装需要追求实用性，确保项目具有足够的吸引力，同时强化原有的优势，并确保包装能为客户带来价值。

事实上，自我包装往往需要坚持几个基本原则。

（1）真实：包装下的个人和项目必须和实际情况一样，如果相差太大，就容易在客户群中产生信任危机。

（2）独特：包装必须从个人最独特的特质出发，重点展现自己与众不同的一面。

（3）相关：所有被包装的那些具有特色的点，都需要同最终的运营项目息息相关，都应该使人产生积极的联想。

（4）一贯：所有被凸显出来的特点需要保持一惯性，避免特色转换或淡化，以免造成品牌定位的混乱。

遵循这些原则，可以确保自我包装的效果和意义，为副业项目在市场拓展和吸引客户关注方面建立坚实的优势。

深化团队管理的能力，提高团队运作的效率

为了提升项目管理的深度和团队运作的效率，在项目经营过程中，我们认识到单凭个人力量往往难以应对各种情况。为了确保项目的顺利进行，并推动其沿着可持续发展的路径前进，团队合作的力量显得尤为重要。因此，构建一个强大的团队成了当务之急。为了实现这一目标，强化团队管理成了经营者面临的重大挑战，他们必须寻求方法来提升自己在经营和管理团队方面的能力。

团队管理的核心能力之一是团队构建能力。在项目经营的实践中，许多人倾向于在项目启动之初就急于组建团队。然而，在项目的初期阶段，由于存在一个较长的探索期，一开始就组建团队并不总是恰当的。如果在这一阶段没有找到合适的定位和发展模式，团队内部可能会出现信任问题。所以，必须先自行探索一段时间，深入了解市场状况、行业发展趋势以及竞争环境和前景，然后制订周密的计划，明确目标和愿景，以及发展策略和基本理念，之后再着手组建团队。这就像一个人准备开饭店，一定要事先进行精准定位：思考自己应该做什么（什么菜系，什么菜式），应该做成什么规模（小餐馆还是大酒店），应该选择什么样的经营模式（线上和线下结合，还是仅限线下）。只有拥有一个明确的定位，才能顺利进入下一阶段。

组建团队之后，为了保证工作效率，最佳做法是从行业内寻找合适的人才，招聘那些在工作圈内有经验的人，或者与具有相关行业背景的人合作。行业内的人员具有明显优势，因为他们拥有丰富的经验，了解如何操作项目、规避风险，并寻找最佳解决方案。例如，如果有人希望扩大自己的直播事业，就应当寻找直播领域的专业人士合作。这些专家能够提供关于直播灯光、音效、道具

和布景设置的专业建议，同时也能深化对台词和剧本的构思。

初级团队的建造完成之后，后续的一些完善工作也非常重要。这个时候，最重要的就是要强化队员和工作岗位的匹配度，简单来说就是寻找最合适的人，让每个队员可以做最擅长且最合适的工作。在一个团队中，协作是核心，而协作的基础是每个人都处在最合适的位置上。比如在一个项目中，擅长会计工作的可以负责财务，擅长营销的就负责联系客户和开发市场，擅长技术研发的应集中于产品的技术开发，擅长管理的可以重点负责制度的制定以及流程的监督工作。

团队构建的核心在于确保使用最合适的人，确保所有的成员可以找到最能发挥自身价值的岗位。为了确保副业项目可以处在一个高效运转的状态上，企业需要推动团队管理。而如何让一个团队高效运转，正是企业管理能力的核心体现。副业的团队管理一般要重点强化三个方面的内容。

第一，确保员工的能力可以得到提升。这一点主要是强调团队成员的成长，一般可以从多个方面入手，比如强化内部的培训工作，建立良好的学习氛围，给予员工更多尝试的空间和试错的空间，为员工提供更好的发展平台和更大的工作自主权。这些措施都是管理能力的体现，也是管理者肩负的使命。管理者应该推动内部的进化，提升整体的工作效能。

第二，确保员工有一个更好的成长空间。如果说能力的提升满足了当前工作的需求，那么成长空间的需求则代表了个人的长期规划和自我实现的需求。一个成熟的团队应该为员工的长远发展考虑，提供自我实现的平台和机会，例如为员工安排更多挑战性的项目以锻炼能力。对于管理者和经营者来说，如何设置合理的挑战项目，如何把握挑战的度非常重要。

第三，确保员工的收入得到提升。在项目的经营管理中，提高收入是基本需求，因为大多数人参与项目都是为了获得更高的收入。因此，团队的构建者和管理者必须将员工收入提升作为管理工作的核心。在项目的起步阶段，可以考虑低工资和高提成的模式，这样不仅能有效控制成本，还能有效激励员工。等到项目的营收比较稳定时，可以逐步提升工资水平。这需要管理者精心规划，并领导团队开展相关工作，以提升项目的整体收益。

需要注意的是，并非所有团队成员都必须满足这三个条件，有些成员可能更关注于增加收入；有的则可能专注于提升个人技能，将当前项目视为自我成长的跳板；还有的成员可能对未来发展有着更高的期望和规划，他们寻求的是长期的职业发展；当然，也有些成员可能同时追求多种目标。这就要求管理者认真观察，针对不同成员的不同需求提供相应的满足。

除了以上几个方面，团队管理还涉及制度的使用。为了推动项目在一个正常的轨道上运作，需要制定完善的制度来约束和引导团队成员，也需要强化内部流程的推进与员工的执行力。比如，制定绩效考核制度，制定合理的考勤制度，制定合理的用人制度和服务机制等。总之，管理者要依据实际情况制定切合实际的制度。

管理能力是一个广泛的概念，涉及方方面面的工作。因此，副业经营者需要在不断实践的过程中积累经验，掌握管理团队的技巧，完善管理的理念，确保自己可以更高效地管理团队。

第五章

掌握财富增长节奏，强化风险管理

从概率学的角度来看，没有任何工作是完全无风险的，每一项业务的运营都不可避免地伴随着风险，关键在于风险的大小。实际上，我们的任务是识别那些潜在的风险因素，或者辨识那些可能触发风险的不利因素，并采取预防措施，控制风险的发展节奏。我们需要确保从项目选择、经营和管理，直至项目更替的整个过程都在我们的掌控之中。这样，我们才能确保自己具备规避风险的能力，并在风险和危机发生时，拥有解决问题的本领。

避免涉足完全陌生的领域

在寻求资产配置的优化或开拓新的财富途径时，人们常常倾向于选择那些看起来更加"稳健"的项目，偏好那些风险较低、收益稳定的选项。这种倾向反映出人们对于安全感的追求，以及对资金安全性的重视。

然而，无论是创业、投资还是兼职，这些活动都伴随着消耗和风险。若未设定明确的安全边界，可能会因越界而遭受损失。对于高风险的项目，如基金、期货、赌石、贵金属等，它们因固有的高风险属性并不适合普通大众。另外，超出个人能力和见识范围的投资项目同样不适合大多数人。如果投资者对相关项目和工作一无所知，甚至未曾耳闻，那么最好避免投资这类项目。

在进行资产配置时，我们要注重稳健、合理和安全这几个特性。人们需要划定一个安全区域，在投资或创业时，拒绝涉足自己不了解的领域，应成为最基本的安全准则。投资人没有必要完全掌握相关的专业知识，也没有必要变成某个项目上的专家，但绝对不能对该项目一无所知。如果自己对一个项目从未接触过，甚至不了解基本的运作流程和市场行情，那么最好不要去触碰，因为该项目潜在的风险完全是未知的。

在全球投资市场上，普通投资者的行为往往最为活跃。与巴菲特、罗杰斯、利弗莫尔等顶级投资者不同（他们可能需要数年时间才能找到合适的项目），普通投资者可能在短短三分钟内就做出投资决策。之所以会这样，就是因为顶级投资者更加关注项目的长期发展潜力和可控性，他们不会轻易涉足自己不熟悉的事物；而普通投资者可能仅仅被潜在的巨大收益吸引，容易选择超出自身能力范围的项目，这常常导致他们的投资失败。

2019年，芯片市场非常火爆，很多科技型企业纷纷成立自己的研发部。国家也持续提供支持和鼓励，以促进民用芯片技术的发展。受此影响，国企职员胡先生在妻子的鼓励下，投资了一家国内芯片企业。夫妻二人本以为投资芯片公司一定会有很高的回报，但不幸的是，胡先生及其妻子对芯片制造领域一无所知，对所投资公司的运营状况也缺乏了解，更没有对国内芯片市场的现状和发展水平进行过任何调研，导致整个投资过程盲目而无序。结果不到半年时间，这家公司就宣布倒闭，胡先生的投资也因此打了水漂。

许多创业者在拓展业务时，常常会涉足自己不熟悉的领域，但这样的尝试往往充满风险。因为事业发展不仅需要面对激烈的市场竞争，还需要投入大量的精力去了解和掌控每一个环节。如果创业者选择了一个自己不擅长甚至不了解的领域，那么他们很可能会被竞争对手轻易击败。

对于那些致力于事业发展的人来说，寻找一个安全的投资领域至关重要。在做出投资决策前，必须清楚自己是否真正了解相关行业，以及是否有能力妥善经营相关项目。

第一，投资者需要能够明确阐述该项目的主要业务内容、独特价值以及对市场需求的影响。

这是在经营一个项目之前所需的最基本的知识储备。如果人们连自己选择的项目是什么、它的市场定位以及它将如何影响市场都说不清楚，那么这个项目成功的概率将非常渺茫。

第二，能否说出这个项目以及相关行业过去的发展模式以及现在的发展状态？

了解事物发展的轨迹，挖掘事物发展的规律，是投资者最应该做的功课。只有了解一个项目过去的发展历程以及现在的发展状况，人们才能更好地找到规律并做出判断，确定该项目是否适合作为副业投资，以及是否具有发展潜力。如果对这些都不了解，也找不到任何规律，那么最好及时放弃该项目。

第三，能否预估行业未来十年的发展状况，又能否了解该项目未来五年的收益和现金流？

如果说了解行业过去和当前的发展状态，是为了找出潜在的发展规律，那么对相关项目及其行业的未来进行评估，则是对项目价值评估的重要流程。相比于过去和现在的发展，投资者应该更加重视未来的增长潜力，因为那才是发展事业时应该把握的重点。如果无法洞悉拟发展事业的未来前景，那么最好避免涉足。

第四，能否制订一个长远的投资计划，并给出切合实际的合理方案？

对一个自己熟悉的项目，人们通常很容易制订相对合理的计划和执行方案；而遇到那些自己不了解的项目，计划和执行方案制订起来便会非常困难，有时由于缺少相关信息，制订的计划很容易和现实脱节。换句话说，如果人们无法制订一个长远的计划，不能给出切合实际的方案来推动这个计划的实施，便无法将这个项目做好、做大。

第五，能否找出这个项目存在的风险，并评估自己是否有能力控制这些风险？

在经营任何一个项目时，人们都要意识到这两点：这个项目肯定是有风险的；自己是否有足够的精力来管理项目。因此，在创业和投资之前，必须列出项目潜在的各种风险，并评估自己是否有能力应对这些风险。如果对风险一无所知，或缺乏足够的控制力，那么就要及时放弃。

IBM总裁托马斯·沃森说过一句名言："我只是在某些地方很聪明，但我总是待在那地方附近。"发展事业的人要明白，创造财富是我们最终的目标，选择一个安全区域才是实现这一目标的关键。如果不能掌握合理的边界，就无法控制其中的风险。

列出资产组合清单，重点关注收益最大的项目

随着社会进步和经济需求的提升，个人在追求财富的道路上可能同时管理多个项目，以适应不断变化的经济环境，并拓宽收入渠道。在所有的项目中，做到齐头并进和均衡投资既困难也不切实际。一个出色的项目投资者，应该能够在需要时采取激进策略，在必要时保持谨慎态度。所谓谨慎，就是控制好业务规模，避免盲目追求多元化，以免失去发展的重心。所谓激进，则意味着在遇到优质项目和良机时，必须具备投资的勇气和冒险精神，果断地投入更多资源。

正因为如此，他们通常会列出一个资产组合清单，从中选出最优质的项目，然后将经营所需的资源集中在这些收益最大的项目上。这样就可以有效控制好项目的规模，确保多元化资产配置，同时又尽量避免在一些不合理的项目上浪费资源。在他们看来，抵御风险的最好方法就是增加盈利，选择优质项目就是最有效的风险控制手段。

比如，某人投资了五个项目，包括一家牛河粉店、一家器械组装厂、两家网店以及一家水果店，还参与了股票交易。这些项目在2019年带来的收入大约是65万元，这笔钱可以支撑他在一线城市生活。然而，最近两年的收入不断减少，他觉得压力越来越大。

为了提升收入，他面临两个选择：一是继续扩大投资领域，尝试在其他方面拓展营收渠道；二是重新整合自己的副业投资模式。鉴于他已经尝试过多种生意，且之前的投资尝试效果并不理想，他决定选择第二条路径。那么，他应该如何进行整合呢？

为了清晰地评估各项副业的财务表现，我们可以将它们的营收情况一一列出。

牛河粉店：15万元（2017年分红）、12万元（2018年分红）、9万元（2019年分红）。

器械组装：30万元（2017年分红）、39万元（2018年分红）、44万元（2019年分红）。

两家网店：20万元（2017年利润）、15万元（2018年利润）、10万元（2019年利润）。

水果批发：10万元（2017年分红）、14万元（2018年分红）、12万元（2019年分红）。

股票投资：-11万元（2017年利润）、-15万元（2018年利润）、-10万元（2019年利润）。

通过对比和分析这些数据，我们会发现，牛河粉店的经营状况正逐渐恶化，继续投资似乎不明智；而器械组装的营收表现最为强劲，并且呈现出积极的发展趋势，值得考虑增加投资；网店的利润虽然逐年下降，但仍有盈利，表明它可能已过了增长的高峰期；水果批发的业绩波动不定，但市场潜力犹存；股票投资则持续亏损，建议及时退出。

基于以上分析，我们可以制定一个新的投资策略：将原本投资于牛河粉店和股票的资金转移到器械组装项目中，同时维持网店和水果批发的现状；但对网店的运营需持续监控，若情况未见改善，则应考虑终止该业务。

在多元化的投资组合中，详细列出所有项目的资产清单至关重要。通过对比详尽的数据，我们可以识别出表现优异的项目和不良投资，进而重新分配资源，加强优质项目的投资力度，并适时淘汰不良资产。在进行资产整合时，资产清单应特别关注以下几点。

（1）时间跨度更大一些：更大的时间跨度也就意味着更加详细的发展轨迹，这有助于人们更好地把握发展的规律，从而做出科学判断。

（2）看重发展趋势：发展趋势往往是掌握项目发展规律的要领，一些项目的盈利虽然不大，但是如果能够持续处于一种快速上升的趋势上，就意味着它拥有一个很好的成长空间。

（3）结合外部环境：任何项目的营收都会受到外部环境的影响。市场环境突变、政策导向、个人的突发事务，这些因素都可能引发营收的波动。因此，只有结合外部环境，我们才能更准确地掌握项目的发展状况。

列出资产组合清单，只是进行项目整合的第一步，最重要的还是对相关的资产结构做出判断，明确哪些项目值得重点投资，哪些项目可以选择放弃和压缩，哪些项目可以继续保留，然后想办法进行合理配置。配置的方式可以依据个人的实际情况来进行，将时间、精力、资本、喜好等因素都考虑在内。

比如很多顶级的投资者，会将投资资金的90%以上投入收益最大的一个或者少数几个项目上。有的人则坚持二八原则，将项目分成优质和普通两个层次，然后将80%的资源投入到少数优质项目上，将剩余的20%的资源分配到其余项目上。由于资金有限，普通投资者最好不要同时经营三个以上的项目，而且在分配时要按照实际情况进行操作，比如可以重点抓住一两个优质项目，而将其余的项目全部剔除，或者按照投资比例逐渐递减的方式进行主次项目的资产配置。无论怎样变化，将资源集中在收益最大或者潜在收益最大的项目上，都是最合理的安排，也是风险防控中最重要的一个环节。

寻找最能发挥自身优势的项目

最近几年，很多明星纷纷涉足多元化投资，扩展自己的商业版图。他们尝试开设火锅店，投资影视作品，经营网吧、餐馆以及健身房等。然而，真正成功的明星却寥寥无几。尽管他们拥有雄厚的资金和广泛的人脉资源，但在商业运营上似乎未能充分利用这些优势，导致明星经营的火锅店、餐馆、海鲜店等频繁出现亏损甚至倒闭的情况。那么，明星投资为何往往难以成功呢？一个关键因素是投资项目与个人特长不匹配。简而言之，他们并不擅长这些领域的投资，也难以保持一个稳定且高效的经营状态。

明星最大的优势就是依靠自己的演唱技巧、表现能力以及长相来赢得粉丝的关注，所以打造粉丝经济成了他们最重要的谋生手段之一。在如今这个追求流量的时代，高曝光率的明星更容易赢得市场的青睐。但这种明星效应在创业和投资领域并没有那么明显。粉丝不会因为明星投资了某部电影就长期支持，也不会因为明星投资了某个火锅店就持续光顾。如果明星不擅长管理自己的项目，或者这些项目无法满足消费者的需求，很容易被粉丝抛弃。

类似的情况也存在于许多行业，其中直播行业尤为突出。据统计，2020年中国在线直播用户的规模就达到了5.24亿。淘宝作为直播行业的领军平台，有数据显示，2020年淘宝在线活跃的主播数量超过了63万人。这一庞大的数字凸显了行业的热度，同时也反映了行业无序增长和低门槛导致的不合理扩张。在淘宝上不可能存在63万个能力出众的主播，多数人并不具备成为优秀主播所需的素养和能力。事实也确实如此，在整个行业疯狂发展，人人都渴望成为主播的大背景下，多数主播和依靠直播来拓展市场的企业未能将流量转化为实际的消费力，最终成了行业发展浪潮中的牺牲品。

深入分析当前热门行业，我们不难发现普遍存在的一种现象：许多人进入这些行业时，并不具备与市场经营相匹配的能力、专业知识或资源，换言之，他们的能力与行业需求或个人优势并不相符。特别是在事业发展过程中，人们往往忽视了这种匹配性，导致自己从事的工作无法有效控制风险，也无法实现收益最大化。

个人应当专注于自己最擅长的领域，经营那些能够最大限度发挥自身优势的项目。在项目经营上尤其如此，因为在投入和付出相对较少的情况下，如果对项目不够熟悉，缺乏掌控力，失败的风险就会大大增加。经营者要想控制项目风险，自然会选择自己擅长的项目，或者能够发挥自身最大优势的项目：技术型人才可以通过技术服务来盈利；营销高手可以通过销售产品来赚钱；擅长财务计算的人则可以从事财会工作……每个人都有多种优势，依据这些优势来发展项目，无疑能够提高成功的概率，并更好地控制风险。

F先生是某211大学理工科的大学生，大学期间主修电子专业。毕业后，他选择加入家乡的一家化妆品公司工作。由于薪资水平并不理想，他萌生了经营副业的想法。朋友热情地向他推荐了一个创业项目，并邀请他投资入股，但由于F先生对食品行业缺乏了解，也不具备市场拓展能力，他礼貌地拒绝了。亲戚们也给出了建议，比如让他开通直播，帮忙销售家里的农产品，或者开设一个网店。然而，F先生对电商和直播不感兴趣，且由于不善言辞，在销售方面难以发挥作用，因此他最终也拒绝了从事电商的建议。

偶然的一次聚会，他听说当地一些年轻人组建了一支机器人研发团队，他们经常带着自己的作品参加展出和比赛，不仅能够赢得奖金和知名度，还能吸引科技公司的关注。F先生觉得这个项目非常适合自己，能够真正发挥自己在电子技术方面的优势，因此决定利用业余时间做这个项目。事实证明，F先生的决策非常明智。加入这个研发团队一年后，F先生就利用自己所学的知识，成功解决了操控系统中人机互动问题，帮助团队在国家级别的机器人比赛中荣获第二名。这支团队也因此与一家科技公司签订了技术研发合作协议。

项目经营的成功依赖精准的定位,以实现价值最大化和风险的可控。这种定位要求我们专注于具有优势的项目和能力,而这种专注可以通过多个维度来体现。

第一,依据个人能力来选择合适的项目。当个人具备技术、资源、服务或其他方面的优势时,应寻找与之匹配的行业与项目,以找到一个能够最大限度发挥自身优势和价值的平台。比如,一个金融专业的人士,若其核心优势在于擅长制订投资计划和进行风险管理,因此他最适合的岗位可能是风险投资机构、商业银行、投资公司等金融机构。

一般来说,人们在经营和发展商业项目的时候,可以先对自己的资源和能力进行全方位的分析,从而找到自己的优势。然后,对这些优势进行梳理,确定哪些优势可以用于发展商业项目,再针对性地选择合适的项目。

第二,依靠行业需求来对照自己的能力和特长。这种形式的聚焦一般是被动的,它要求人们拥有更精准的市场判断力和行业洞察力。比如,随着微商的发展,很多人通过发现微信社群和朋友圈营销的需求,开始利用自身的营销能力,然后正式进入微商行业。此外,还有学习型聚焦,这主要表现为对新行业、新项目的感知和学习,通过学习来掌握新的技能和知识,然后在行业中建立起新优势。

需要注意的是,个人的优势有时是隐性的,甚至不是传统意义上的优势,因此人们往往难以将其与竞争优势联系起来。例如,饮食习惯和能力在常规思维中很少被视为竞争优势,但真正懂得品味美食的人可以成为美食家,甚至成为知名的吃播博主。同样,睡眠在传统观念中也难以成为竞争优势,然而,如果成为酒店的睡眠体验师,便能以轻松的状态获得丰厚的收入。这些所谓的隐性优势只有在特定的岗位上才能发挥出强大的效果,因此,人们需要根据行业需求来挖掘这些潜在的优势。

给自己设定一个合理的心理账户

从财富支配（无论是投资还是消费）的角度来说，每个人都应该有一个较为明确的心理账户清单。这个清单上罗列的每一项费用反映了个人对每笔资金使用的要求和规范，体现了个人对财富的掌控和规划。例如，月初时，一位家庭主妇会对本月的家庭开销进行规划。

孩子的教育开支：大约为 1200 元。
家庭日常生活开支：控制在 2400 元。
投资和理财：控制在 2000 元左右。
娱乐休闲开支：不能超出 2000 元。

这就是一个比较典型的家庭心理账户，它代表了家庭主妇对接下来一个月生活的预算安排。这种安排通常涉及预算的设定，而这些心理账户还可以进一步细分为不同的子账户。

教育开支：英语补课费 400 元，数学补课费 400 元，美术班 350 元（按照课时结算）。
日常开支：买菜 900 元，油盐酱醋和调料 200 元，清洁用具 150 元，化妆品和衣服 800 元，孩子的零食 200 元，其他待定。
投资理财：股票投资 800 元，银行理财产品 700 元，基金 500 元。
娱乐休闲：电影票 350 元，野营活动 800 元，K 歌娱乐 500 元，其他待定。

无论是心理账户还是子账户，都需要进行合理估算，给出一个较为明确的预算。可以为个人投资账户下的主要业务设立不同的子账户，分析人们愿意在家庭生活上投入多少时间、精力和资金，以及在各个投资项目上又分别愿意投入多少，这些分配应当按照什么比例进行。

例如，在资产配置方面，著名的"4321"原则指出，在资产配置时，应将40%的资产用于投资，30%用于生活开支，20%用于储蓄备用，10%用来购买保险。这是一个非常合理的心理账户模型，对各项资产都进行了明确的安排，其中投资占40%，还可以进一步细分具体的投资项目。

家庭的稳定与和睦至关重要，而确保家庭收入的持续性和可靠性，是保证家庭稳定与和睦的必要条件。尽管风险投资可以增加家庭财富，但它不应成为主导，也不应过度影响家庭的核心财务结构，以免动摇基础。因此，"二八法则"——即家庭基本生活保障资金与风险投资资本的比例为8∶2——提供了一种稳健的资产配置策略。当然，这一比例可在一定范围内灵活调整，前提是不得破坏整体财务状况的基本均衡。

当然，也有人在对外投资方面取得了巨大成功，甚至提升投资的比例。例如，在北上广深等地的一些房东为了让生活更加充实，会选择去公司上班，月薪也就几千元；而他们的对外投资经营主要是收租，每月收入可能高达几万元，甚至几十万元。不过，这种情况并不多见，普通人还是应该更合理地进行家庭资产配置。

此外，无论是40%的投资总额还是投资心理账户中的二八法则，这些都不是固定不变的。比如一般的富裕家庭，通常会有超过50%的投资比例，而那些贫困家庭想要拿出40%的钱去投资则显得非常困难，更别说是从事其他经营活动了。又或者，有的人对于自己的经营能力很有信心，也愿意放手一搏，那么就可以适当提升拟投资的资产比例，而不必拘泥于二八法则。人们应该按照自己的现实需求进行安排，设定一个合理的家庭心理账户及其子账户，然后按照这些账户去实施自己的投资计划。

首先，对自己的总资产进行梳理，明确资产总额，然后细分各项资产，分析它们的比例，以便确定可用于投资的资金量。

然后，分析个人收入情况，评估家庭收入水平及其对生活的影响，并考虑是否需要增加收入来源。比如，42岁的A先生是杭州某公司的部门主管，每个月的税后收入是10 000元，月度开销包括日常支出4000元和房贷4500元。那么，A先生应如何合理分配资产？

想要弄清楚这一点，就应该对A先生的收入和支出进行详细分析。

第一，A先生居住在生活成本较高的准一线城市，日常开销和房贷几乎耗尽了他的收入，这使得他的家庭在面对突发事件时抵御风险的能力较弱。因此，这个家庭迫切需要增加收入和减少开支。由于节流的操作空间非常有限，于是解决问题的关键还是要落在增加收入上。

第二，A先生的工资并不算高，但是眼下也不可或缺，一旦失去了这份工作，他将会面临房贷和家庭消费的巨大压力。即便考虑换工作，也必须确保新工作能立即减轻家庭负担。鉴于A先生42岁的年龄，重新就业并不占优势。因此，最好的方式是继续留守公司，并拓展新的财富通道。

经过分析，我们可以得出结论，A先生需要拓展家庭营收渠道，而且这个渠道的收入不能太低。随着孩子的成长，家庭开支只会越来越大，他必须为此做好准备。A先生可以整理现有的流动资金，确定可用于投资的金额。假设他过去几年的年终奖大约为20万元，加上每月剩余的1500元，这些构成了他的全部可投资资产。

A先生可以为投资设立一个心理账户，预算为20万元（每月剩余工资可用于购买保险），这笔钱可以用来给妻子开一个小甜品店，也可以直接用于股市投资或者实业投资。

心理账户的构建主要反映了个别的预算规划。不同家庭根据其独特需求，会设立不同的账户。通常情况下，大多数家庭可以在遵循40%的投资比例和二八法则的前提下，适度调整其财务配置，以实现财富增长与风险控制之间的均衡。

寻求预期价值最高的决策，而非成功概率最大的决策

假设一项副业投资需要花费 30 万元，成功率只有 20%，而获得的回报大约是 300 万元。面对这样的情况，我们应如何抉择？

多数人可能会毫不犹豫就做出"不投资"的决定。原因很简单，这件事情的成功率实在太低而风险太大，这似乎并非一项理想的投资。一些人甚至会搬出"顶级投资人和企业家"从不涉足低概率投资的观点。然而，从冒险的角度来说，很多出色的投资都是建立在低成功率的基础上的。一个真正能够带来巨大收益的项目，往往不会一帆风顺，也不可能是低风险，否则这类机会将被众人争抢。

那么，真正的投资者是否总是倾向于高风险投资呢？答案并非如此。那些优秀的投资者和企业家在追求高收益的同时，会采取新的策略来管理风险。他们不只关注传统思维中的成功概率，还会计算预期价值。著名的桥水基金的创始人雷·达利欧在其著作《原则》中详细阐述了预期价值的计算方法：

预期价值 = 押对的概率 × 押对的奖励 — 押错的概率 × 押错的惩罚

简单来说，预期价值就是指每种可能结果的概率乘以每种结果的价值之和。

以一项需要投入 30 万元的投资为例，若其成功的几率只有 20%，而获得的回报（纯利润）是 300 万元，那么这个项目的预期价值计算如下：

预期价值 =（300 万元 × 20%）—（30 万元 × 80%）= 36 万元。

通过这种方式，投资者可以更全面地评估投资决策，而不仅仅是基于成功概率。

从概率的角度来分析，人们通常会放弃这个项目，但是对于那些真正懂投资的人来说，投资的预期价值才是做出合理决策更好的标准。这也是为什么公众愿意在不看好或不敢投资的项目上冒险——因为他们已经估算出一个非常吸引人的预期价值，这种估算使得原本看起来风险重重的项目变得更加合理。

事实上，在多种项目的决策上，预期价值的作用尤为显著。相比于找出概率最大的项目，选择预期价值最大的项目或许更具参考意义。

假设某人拥有三个项目选项：摆地摊赚钱的概率是60%，但是每个月获得回报是2000元；失败后大约会损失1000元，失败的概率为40%。投资股市赚钱的概率是30%，但每个月的收益为6000元；失败后造成的损失为1200元，但是概率为70%。入股店铺的成功概率为55%，每个月的收益为4000元；失败后的损失为3000元，失败的概率为45%。

按照概率高低来计算，摆地摊似乎是最佳选择。然而，从预期价值来说，摆地摊的预期价值是：$2000 \times 60\% - 1000 \times 40\% = 800$元；投资股市的预期价值是：$6000 \times 30\% - 1200 \times 70\% = 960$元；入股店铺的预期价值是：$4000 \times 55\% - 3000 \times 45\% = 850$元。

相比之下，投资股市因其最高的预期价值而成为更佳选择，尽管其成功概率较低。考虑到成本与收益的对比，投资股市在这些项目中脱颖而出。在预期价值的估算中，人们可以更好地在预期的收益与风险中找到一个平衡，确保在经营副业的时候有更多理性的考虑。一般来说，借助预期价值做决策需要满足两个常见的条件：第一，预期价值必须是正；第二，几个项目比较时，预期价值通常越大越好。同时，预期价值必须足够大，且投资者能够承受潜在的损失。如果人们无法承担潜在的损失，或者自身的经济能力完全无法应对这样的损失，那么就要三思而后行。

很多所谓的风险项目，通常因其潜在的高额回报而吸引投资者的目光。然而，如果潜在的风险很大，甚至超出了人们的心理预期，那么即便风险发生概率再小，人们也不会轻易尝试。以购买保险为例，尽管大多数人患上大病的概率并不高，但是一旦患病就可能会被昂贵的治疗费用弄到倾家荡产，因此购买重大疾病保险显得尤为必要。同理，人们为什么要遵守交通规则？因为一旦违反，就可能发生交通事故，而付出的代价非常昂贵——失去生命——是无法承受的。尽管每次过马路时发生交通事故的概率并不高，但是发生事故的风险太高，代价太大，人们无法仅凭概率来做出明智的决策。因此，从风险控制的角度来说，计算预期价值要比单纯计算概率更加合理。

在经营的时候，我们更应考虑概率及其可能带来的结果，以评估预期价值。实际上，我们可以通过培养一种习惯，即在做出判断前先进行分析，来提高这种意识。例如，在考虑是否带伞出门时，即使下雨的概率只有30%，许多人也会选择带上，因为他们根据过往经验发现，下雨带来的不便和损失远大于携带雨具的轻微不便。在理财或资产管理时，我们也应根据个人经验和经历来加强这种分析意识。

很多时候由于各个项目之间的预期价值差距并不是很大，概率上的考量就变得很有必要。例如，当几个项目的潜在收益和亏损额都是几百万上下，预期价值的差距则基本维持在成百上千元，概率的分析就显得尤为关键。此外，当成功的概率很大而失败的概率非常小时，概率就会占据非常重要的作用。比如一个项目的成功率只有1%，甚至更低，那么收益即便再大，也不具备投资的吸引力，操作的可行性非常低。由此可见，预期价值仍旧需要建立在概率分析的基础上来进行计算。

对自己的操作进行复盘

在经营过程中，难免会出现失误和失败，这是无法避免的。关键在于我们必须从这些挫折和失败中吸取教训，以防止未来重蹈覆辙。总结经验，尤其是总结失败的经验，实际上是工作中非常重要的一部分。人们必须要有包容失败的心态，准备好面对失败，但最重要的是找到失败的原因，识别自己在哪些方面做得不足，哪些方面可以改进，以及下次应采取何种策略以避免错误。

通常，人们会在工作后进行反省，即在错误或失败发生后，有针对性地识别错误点和原因。然而，反省往往具有局限性，人们可能只知道自己做错了，也清楚自己错在什么地方，但反省的人往往只关注错误本身，而忽略了对整体流程的全面审视和评估。想要真正解决问题并预防此类问题再次发生，最好的方法就是针对相关的问题进行复盘。

"复盘"是心理学中的一个术语，它涉及自我回顾、自我梳理、自我反思、自我探究和自我提升的过程。复盘意味着人们重新回顾和梳理过去所经历或者所做的事情。它包括对当时的思维模式和行为模式进行梳理，识别哪些环节做得不够好，哪些地方出现了遗漏。随后针对那些存在的问题，思考解决和应对的方法，寻求自我提升的机会。

复盘是一个心理推演的过程，侧重于对做事的整个流程进行回顾。和反省不一样的是，复盘可以在一个工作流程结束时就展开，也就是说即便没有出现问题，没有发现错误，同样可以展开复盘工作。在复盘开始的时候，人们可以先列出各个流程阶段的关键要素与环节，然后着重分析可能出现的各种结果和变化趋势，努力理解每种变化和趋势可能产生的结果，以及自己在不同方向上努力的结果。相比于反省，复盘在内部纠错和预防错误方面能发挥更为关键的作用，并且通过深入分析各个环节，能够有效发现更佳的方法，识别更多问题，从而进一步完善流程。

蒋先生和朋友合资开了一家外贸公司。鉴于他在一家外企担任高管，根本没有太多时间管理外贸公司的事情，于是聘用了一个经理负责经营和管理事宜。蒋先生不仅授权给员工，让他们在日常决策中拥有一定的自主权，而且他向团队提出了一个明确的要求：在每次完成项目和工作后，不要急于进入下一个流程，而是花一段时间对这个刚完成的项目和工作进行复盘，找出那些有问题的地方和那些值得改进的地方。正因为如此，即便蒋先生无暇顾及外贸公司的事务，团队成员也能很好地处理好工作，保证所有的工作稳步进行。

复盘是一个非常高效的项目审核方式，在预防错误和纠错方面具有无可比拟的优势。很多企业家都倾向于通过复盘来完善和改进工作中的流程，并通过复盘来推动内部的革新。比如联想公司就非常推崇复盘，柳传志说过："复盘至关重要，通过复盘总结经验教训，尤其是失败的事情，要认真，不给自己留任何情面地把这个事想清楚，把事情想明白，然后就可以谋定而后动了。"

联想公司曾经总结出了复盘的三个原则：小事及时复盘，大事阶段性复盘，事后全面复盘。小事之所以要及时复盘，是因为小事情的步骤比较少，复盘起来相对简单，而且针对一些细节上的小修小补，可以防止小问题变大问题。大事阶段性复盘，主要是考虑到大事情的影响比较大，步骤繁多，流程中的环节比较多，复盘起来比较麻烦，因此要分阶段进行复盘。每当完成一个环节或者做完一个阶段的工作，就要及时复盘，确保每一个阶段不会出现问题。而无论是小事还是大事，都要在事后对整个项目进行全面的复盘，提高项目的成功率和运行的效率。

复盘工作还可以分成个人复盘和团队复盘。个人复盘是所有复盘工作的基础，每个人都要对自己的工作负责，认真回顾和分析自己在工作中的行为。团队复盘建立在个人复盘的基础之上，团队中的每个人在做自我复盘的时候，还要联系他人的工作进行项目配合的复盘，并对整个项目流程进行复盘。在团队复盘中，管理者通常会作为复盘会议的主持人，推动复盘会议的展开，明确复盘的方向和内容。提问者和叙述者是整个复盘会议的核心，提问者通过提问来引导大家思考，挖掘潜在的风险和错误；而叙述者负责回答提问者的问题，同时叙述整个复盘的经过。

一般来说，经营者可以遵照以下几个步骤进行复盘。

（1）回顾目标：当一件事情或者一个项目完成之后，应审视最终成果是否与最初设定的目标保持一致，或者是否有所偏离。

（2）叙述过程：将自己做事的流程以及相关的方法全部叙述出来，这等于回顾了整个工作流程，其目的就是找出潜在的不合理之处。

（3）评估结果：要对当前的结果进行分析，判断其合理性，是否满足个人期望，并考虑其对后续行动可能产生的影响。

（4）分析原因：当结果和预期目标不一致的时候，人们要在回顾整个流程的过程中找到那些导致目标发生偏差的原因，探究是什么因素阻碍了目标的实现。在分析时，应不断追问"为什么"，以揭示事件背后的深层次原因。

（5）推演规律：复盘和推演过程中，推演者必须区分相关关系和因果关系，避免将二者混淆。简而言之，某些因素可能与最终结果相关联，但并非导致结果的直接原因。同时，一些不可控因素可能会引起意外，而这些因素往往难以被完全控制，这为整个推演过程带来了不确定性。因此，识别可控、半可控和不可控因素是至关重要的。

（6）整理成档：经营者在复盘之后，要将复盘的结果记录在册，制作成文档。这是经验的总结和保存，对于下次的工作有着很好的借鉴意义。更重要的是，当后续出现问题的时候，这些文档可以作为一种存根和凭据。

通过遵循这六个步骤，对相关流程进行回顾和分析，经营者可以执行一个全面的复盘行动，确保个人和团队的行动合理且高效。

第六章

思维革新，掌握财富倍增法则

在这个快速变化的时代，真正的财富不仅仅体现在数字的增加上，更在于个人认知与思维方式的革新。要想在经济的大潮中稳健前行，我们必须学会调整自己的视角，拥抱变化，勇于创新。

这不仅要求我们在投资理财方面有独到的见解，更需要我们在面对机遇与挑战时，能够保持清醒的头脑，做出明智的选择。掌握财富倍增的法则是转变固有观念，培养前瞻性思考的习惯，以及在不确定性中寻找确定性。所以，我们需要从思维层面进行提升，必须抛弃一些陈旧的、低层次的思维模式，站在更高的立场和更多维的角度来看待事业发展问题，要运用更高级的理念来进行规划，这样才能真正透过现象看到本质，找到实现财富倍增的密码。

主动借贷与融资，利用他人资金创造财富

早在20世纪90年代，中国的经济就迎来了一个高速发展期，尽管当时中国商界和投资界的经营理念普遍还比较保守，但是"借贷投资"的做法已悄然兴起。对于多数人来说，如果自己拥有一定的资金，那么至多投资与这些资金体量相当的项目，除非有把握这个项目非常赚钱，否则他们不会通过借贷的方式来投入更大的资本。

可是，随着时代的发展，市场以及投资者对于资本的追逐越来越激烈。掌握更多的资本，就意味着掌握了更多的主动权。在这个大背景下，"借贷投资"不再是一个令人抗拒的词汇，反而成了资本运作的一种重要策略。

如果对企业或者投资者进行分析，就会发现几乎所有的成功企业和成功投资者都有过借贷经历，并且热衷于利用他人的资金。例如，阿里巴巴和腾讯都曾有过银行贷款和向社会融资的历史。

个人投资者也因环境变化，开始将"借贷"和"融资"视为重要的投资策略。以著名投资大师沃伦·巴菲特为例，他善于运用他人资金进行投资，尤其擅长利用保险浮存金。保险浮存金指的是保户向保险公司支付的保费，保险公司虽无所有权，但会暂时管理这笔资金，并将其用来支付保险公司的"应付账款"。一般情况下，保险公司需要拿出这笔钱给出险的投保人进行理赔，可是理赔之后的剩余资金其实是可以灵活运作的，保险公司可以和投保的人达成投资协定。

巴菲特的伯克希尔公司拥有庞大的保险业务，这就为他利用浮存金进行投资创造了良好的条件。早在1998年，巴菲特就明确告诉股东们："浮存资金的成本对我们来说是一个负数，也就是说，我们以低于零的成本获得这些资金。

因此，当我们承担这笔负债的同时，实际上已经实现了利润。"

在巴菲特看来，这是一种运用杠杆效应进行操作的方法，以最小的成本获得最大的收益。假设巴菲特的保险公司拥有 500 亿元的浮存金，那么这笔钱用于某个项目的投资之后，获得的 700 亿元收益几乎可以视为纯利润。这些利润实际上可以用来收购更多的保险公司，这对任何投资者而言都是一个巨大的便利。

对于普通人来说，通过借贷创业或投资，或者进行融资，其原理也大同小异。因为资本的盈利能力通常远超过借贷成本，一个有前景的投资项目所带来的收益往往能大幅超越其成本和借贷利息。这就像一个蓄水池，一边用大龙头进水，一边用小龙头放水，那么水池里的水自然会不断增加。

一个典型的例子是通过贷款购房。在地产行业的发展黄金期，有很多人前往一线城市和二线城市投资房产。为了让自己获得充足的资金，很多人不仅向银行贷款，还以较高的利息向亲朋好友融资。尽管他们可能需要支付 10% 甚至更高的利息，可是在房地产中收获的财富却是数倍甚至数十倍的增长。以北京通州的房子为例，2005 年通州的房子均价只需要 5000 元／平方米，一套 100 平方米的三居室大约价值 50 万元。到了 2007 年，房价开始上涨，通州的房价普遍冲上 8000 元／平方米；而到了 2016 年，通州房子的均价已经冲破 5 万元／平方米。在 2005 年花 20 万元支付首付的买房者，即使 20 年的房贷也不会超过 60 万元，买房的总支出可能不会超过 110 万元；但在这 10 年里，房产价值增长了 10 倍，变成了总价 500 万元的资产。

在中国，许多人都抓住了房地产的红利，纷纷投资房产。这些人并不全是专业的炒房团或地产巨头，其中一些人拥有自己的公司和厂房，有些人拥有自己的商店，甚至有些人只是普通的上班族。然而，由于他们把握住了房地产的发展机会，成功地将房产变成了一个巨大的财富来源。

与购房类似，近年来创业热潮持续高涨，而大多数创业者并没有足够的资金来建立或维持一家公司，因此银行贷款和民间融资成了主要的筹资途径。对于那些非常好的创业项目，借贷可能会带来更好的运作效果。假设 10 万元的借款需要每年支付 1 万元利息，为期 10 年的借款会产生 10 万元利息（暂时设定每年只归还利息，最后一年偿还本金）。然而，在这10年中，这借来的10万元可能会创造几百万甚至上千万元的收益。

对于那些成功的商人和投资者来说，运用杠杆效应，即利用他人的资金来实现财富增长，几乎已成为一种标准做法。而普通人在追求事业的扩展和投资收益最大化时，同样需要培养这种借贷思维。

借贷思维的核心在于资源的优化配置和整合，旨在实现资源使用效率的最大化。然而，借贷并非投资的必经之路，投资者不应盲目借贷，而应制订更为周全的计划。

首先，需要对自己的资本以及资本结构做一个大致的了解，评估可用于项目的流动资金是否足以支撑基本运营。

其次，要对项目进行合理估算，只有当预期收益超过借贷成本时，借贷投资才显得合理。

再次，在经营涉及多个项目的投资组合时，一定要将资金投注到最能产生利润的项目上，不能搞平均主义，也不能过度分散资金。缺乏明确的优先级可能会导致投资成效不佳。

最后，要改变投资思维，意识到在当前的社会经济体系下，财富增长的基础模式已从传统的劳动赚钱转变为资本运作。只有灵活地掌控和使用资金，才能真正打造有价值的事业，赚取高额利润。

利用别人的产品赚钱，尽量降低成本

在发展自己的事业时，我们通常会强调这几点：打造核心竞争力，打造自己的品牌，提升市场的掌控力和话语权，拥有自己的产品，打造一个成熟的研发和生产系统，以便在市场上获得更大的影响力。例如，若有人计划从事种植业，那么他必须掌握自己的种植技术，拥有专属的产业园，并且培育出具有代表性的产品。

不过，在经营一些项目的时候，我们可能要求并没有那么高。如果时间、精力有限，资本投入也相对较少，我们可能就并不需要自己研发和生产产品，只需要将大部分的资源用于市场渠道的开拓上即可。因为这时候，产品或许并不是最重要的，客户才是。只要能够满足客户的需求，那么产品从哪里来，是不是自己生产的并不重要。在条件不允许的情况下，选择借助他人的产品来盈利，也是一个可行的方案。此外，借助他人的资源进行经营，往往可以节约更多的成本。

以某人想要从事葡萄销售为例。尽管葡萄是一种广受欢迎的大众水果，他却没有选择承包土地种植葡萄，因为这样做成本高昂且耗时费力。为了降低成本，他选择当一个中间商，专门做葡萄批发生意。他以每公斤 2 元的价格从果农那里进货，然后以 4 元的价格卖给超市和水果商，一进一出就可以赚到翻倍的利润。等到渠道搭建成功，他还可以批发西瓜、橘子、香蕉、菠萝、荔枝等其他水果。许多辛勤劳作的种植户一年到头的收益，往往不及这样的批发商。

又比如，有人希望通过销售医疗器械来赚钱，他无须亲自去厂家进货，只需直接与经销商合作，并以提成形式帮助销售，与经销商约定每售出一件器械的分成。在整个过程中，他根本不用花一分钱的成本，只需要利用自己的口才和营销技巧说服客户即可。相比于批发生意，这种单纯的代销可以称得上是无本生意。

无论是经销商、代理商、批发商，还是单纯的代销行为，本质上都是对他人资源的利用。相比于生产和制造资源的人，他们只是资源的整合者和"搬运工"。然而，这种做法的一个显著优势在于能够将成本控制在较低水平。这一点对于经营来说非常重要，因为投资本质上追求的就是成本控制，依靠别人的产品可以减少生产时的投入。

在这样的商业模式下，经营者更加注重对各个环节成本的监控。他们无须从源头上掌控市场，也无须将资源耗费在产品本身的打造上。他们可以依附其他的企业、产品生存，甚至可以偏离在主流市场之外生存。对于多数人来说，赚钱是核心目标，能够在别人的优势基础上发展自己的产业，借助他人的产品打开市场，无疑是一种更为经济的方式。

比如，有人在县城开了一家早点店，但是由于产品太过单一，生意一直不好，经营了大半年后便打算停业。这个时候，一位朋友以低价接手了他的店铺，接手后并未对店铺进行任何改造，而是选择继续卖早点。由于这个人不会做早餐，他每天早上四点就安排人去不同类型的早餐店购买大量早点，使得店内供应丰富多样。由于这些店铺每天都要对他批量供应早点，因此价格会比零售价格低很多，这样一来，他便通过赚差价的方式轻松获利。

后来，随着网上点餐送餐的兴起，他在网上注册了一个餐馆，提供各种菜品和主食，并与多家餐馆签订合作协议，代为销售和配送，收费低于外卖平台。通过这种方式，他再次成功地利用其他餐馆的厨艺和产品，帮助自己拓展了餐饮市场。

一般来说，利用他人的产品赚钱具有以下几个优势。

（1）无须投资研发和生产，节省了技术投入的成本。

（2）无须进行基础投资，节省了厂房和人工成本。

（3）无须投入太多的时间和精力维持产品的生产，只需要按需引进产品即可。

（4）拥有更多的选择，可以货比三家，选择性价比和质量最好的产品。

（5）流动性强，只需要构建稳定而高效的销售渠道即可。

正是因为如此，当个人或企业在开展副业时，若缺乏足够的资源来研发具有独特性的产品，或无法构建强大的市场影响力，他们可以选择依附于他人的产品以求生存。通过对其他企业产品的转卖和加工来开拓市场，甚至还可以打造一个售卖平台。例如，现代的水果店、批发部和电商平台，都是借助别人的产品盈利。

然而，在利用他人产品盈利的过程中，有几个关键原则需要严格遵守。

（1）必须确保产品的质量，这是拓展市场和长远发展的基本保障。

（2）需要建立稳定的供货渠道和销售渠道。

（3）从产品供应充足的地方采购，销往产品稀缺的市场，以更低的成本换取更大的利润。

（4）善于包装自己，打造属于自己的品牌，从而赢得市场的认同。

（5）在特定市场中，尽可能获得相关产品的独家经营权，打造营销优势。

此外，在利用他人产品的时候，经营者一定要牢牢控制住自己的销售渠道，甚至想办法让出货方对自己产生依赖。这样，出货方想要进入市场，就会提供更多的优惠条件，以确保自己在进货的谈判中掌握更多的主动权。

雇用他人以增加被动收入

根据官方数据统计，2017年中国人的平均年工作时间达到了2200小时，而经常被视作加班大国的日本，其平均工作时间仅为1758小时。与长时间工作相伴的，是巨大的工作压力。近年来，"职业倦怠""过劳死""职场抑郁症"几乎成了大众谈论的热点话题。而在所有的压力当中，收入和福利问题始终是上班族面临的最大压力，约41.4%的压力源自于此。

提高收入几乎成了上班族的一个共同诉求，多数人都会将薪水、福利、奖金、分红视为选择工作的关键标准。然而，中国上班族的工资水平并不高。随着社会的发展和进步，商品价格尤其是房价的上涨速度，远远超过了工资增长的速度。这导致人们愈发焦虑。要摆脱这种焦虑状态，唯一的途径就是增加收入，无论是换工作还是开拓新的收入渠道。

要想拓展赚钱渠道，寻找一个优质项目很重要。但即便找到了好项目，个人可能也无法花更多时间和精力来经营，或者无法投入足够多的资源来提升竞争力，因为维持现有收入渠道的稳定和发展已经消耗了大部分资源。

在这种情况下，寻求一种更为高效的赚钱方式就变得至关重要，而雇用他人工作则是一个极佳的选择。

假设D先生是一家外企的中层主管，收入不菲，但因需偿还房贷和抚养孩子，经济压力依然沉重。为了缓解经济压力，他决定投资一家位于公司附近的奶茶店。考虑到同事和客户将成为主要消费者，生意前景看好，预计每月收益可达15 000元以上，扣除基本的经营成本，纯利润也有10 000元。那么，D先生是否应该亲自经营这家奶茶店呢？

显然，D先生放弃目前的工作并不明智。他目前的职位不仅月薪不菲，而且工作稳定，还享有公积金和社保，D先生不可能放弃。因此，D先生决定聘请一位专业人士来管理这家奶茶店，并将营业额提升到每月25 000元左右。这样扣除给对方的7000元工资，以及基本的经营成本，每个月的纯利润还有13 000元，比自己亲自经营更为划算。

更重要的是，D先生可以将这些钱存下来，在优质地段开设另一家奶茶店，并雇佣更多员工来帮忙管理生意。这样，他不仅能够节省个人的时间和精力，还能在不影响主业的前提下，为自己创造更大的财富。

雇用他人工作是财富增长的常见模式，这种模式牵涉了两个重要概念：主动收入和被动收入。所谓主动收入，是指需要占用自己的时间、精力和健康来换取财富的收入模式，财富的获得主要依靠个人的成本投入来实现，一旦个人无法投入时间、精力，就无法获得财富。比如，很多上班族每天忙碌为公司创造收益，以获得相应的报酬，当他某一天离职，不再工作，公司就停止发放工资，他也就失去了经济来源。很多个体户的赚钱模式也属于主动收入，一旦停止营业，收入就会立即归零。

主动收入主要依靠个人的付出，财富获得的规模相对较小，而且主动收入对个人的制约和影响更大，个人可能会失去大量的时间、精力、生活空间和健康。

与主动收入相对应的就是被动收入，它强调的是个人不需要投入大量时间和精力，就能创造收益。通常情况下，被动收入的工作者会聘用他人为自己工作，依靠他人时间、精力、劳动力、智慧和健康的付出，来获得不菲的收益。比如上班族给公司打工，属于主动收入；自己开公司，雇用专业人才为公司创造收益，这属于被动收益。自己开店，兼任老板和业务员的工作，属于主动收入；如果雇用别人打理店铺，那么就变成了被动收入。

雇用他人或者利用他人的劳动力赚钱，这是被动收入最常见的一种形态，也是经营的一种理想方式。不过，在雇用他人工作的时候，还应该做出合理的资源配置。

首先，一定要保证项目的质量，不能盲目选择项目。只有质量得到保障，才能确保发展空间和最终收益，从而在招聘外部人才时实现财富的倍增效应。

相反，如果投资项目利润微薄，招聘的人越多，亏损反而会加剧。

其次，必须合理控制员工规模，避免盲目追求人数。员工数量应与公司发展规模相匹配。若发展规模庞大而员工稀少，可能会妨碍项目的正常运作；反之，员工人数若明显超出发展所需，将给创业者和投资者带来沉重的经济压力。

最后，要针对项目的运营情况，雇用专业人才。无论是生产型的员工、技术研发人员、营销人员、财会人员、协调人员，还是服务型人员，都要确保招聘的人员满足岗位要求，并符合运营和盈利的需求。在必要的时候，可以打造一个专业化的团队，按照岗位要求招聘人才，并确保整个团队成员能够实现人职匹配和有效协作。只有实现专业人才与专业操作的结合，才能打造更专业的发展模式。

在利用他人劳动给自己创造被动收入的过程中，个人享有相对的自由。这种自由可以确保主业的顺利展开，可以保证个人的健康，最重要的是有助于实现财富的快速积累。不过，经营者需要具备宏观视野，懂得调动和配置身边的资源，其中人力资源的配置尤为关键。

其实，在生活中，多数人都是W（WORKER）先生。W先生在城市贷款购房，孩子就读私立学校，妻子在家担任全职家庭主妇，每月家庭开销巨大，他难以实现真正的财富自由。他或许会尝试兼职，摆地摊、在电商平台上销售商品，或者兼职保险业务和房产销售，但这些都需要牺牲个人的时间、精力和健康。W先生非常忙碌，缺乏足够的时间来开拓新的财富渠道，他们迫切需要转变财富观念，解放自己，并安排更专业的人才为他们工作。

培养复利思维，找到财富积累的秘诀

著名的投资大师查理·芒格在谈到投资时，曾经说过一句很经典的话："累积财富如同滚雪球，最好从长斜坡的顶端开始滚，及早开始，努力让雪球滚得更久。"芒格认为，尽管优质项目能够带来可观的回报，但并非每个人都能从中获得丰厚的利润。这往往是因为人们忽视了投资的时间价值和复利效应。

为了更好地理解芒格的这一观点，我们可以借助一个简单的例子来说明问题。

S先生准备在银行里存10万元钱，按照一年的定期来存，年利率为2‰。S先生可以自由选择这笔钱的存储方式。

第一种：S先生只存一年，一年之后本金和利息共计100 200元。

第二种：S先生选择存10年，但是每年都要将利息取出来，只存下10万元本金。10年之后，本金加上利息共计10.2万元。

第三种：S先生选择存10年，但是从第一年开始，每一年产生的利息都计入下一年的本金中，然后产生新的利息。10年以后，本金加上利息共计：$100\ 000 \times (1 + 2‰)^{10} = 102\ 018$元。

通过对比，我们可以发现，在不计通货膨胀的前提下，当个人存款的时间越长，获得的收益就越多。此外，将利息计入本金后，获得收益的速度会加快。

为什么第三种存款方式的收益最大呢？为什么同样都是存10年，第三种存款方式要比第二种存款方式更好？这就涉及查理·芒格所谈论的一个核心内容：

复利。

很多人对于复利并不了解，然而在日常生活中，复利现象无处不在，并且对个人财务状况有着深远的影响。那么，复利究竟是什么呢？简而言之，它是一种累积利息的机制。复利的核心在于将每次投资或存款所获得的利息重新投入，作为下一次投资的本金。这意味着，第一次投资所获得的利息会与本金一起，成为第二次投资的本金，而第二次投资所获得的利息又会与本金合并，成为第三次投资的本金，如此循环往复，本金逐渐增长，利息也随之增加，形成一个不断扩大的收益循环。

复利效应的高低受到两个关键因素的影响：一是投资时间的长度，二是复利产生的利率大小。当一个优质项目的投资时间拉得足够长，那么产生的收益就会不断增长。如果将这些收益重新投入，形成复利效应，那么收入将成倍增长。例如，在股票市场中，许多投资者倾向于选择优质股票，并在获得一定收益后，不是考虑项目未来的盈利潜力，而是急于将收益变现。他们认为"落袋为安"，却因此限制了财富的增长速度。相反，那些懂得投资真谛的人会将股市中的收益再投资，从而使财富越积越多。

对于普通人来说，由于经营规模和资源投入相对有限，更应利用复利效应来增加财富。不过，在借助复利增加财富的时候，需要把握以下几个要点。

首先，找到一个优质项目，并确保这个项目拥有发展潜力，值得进行长线投资，这样就为自己的复利策略设置了一根可靠的时间轴。如果只是一个很普通甚至很差的项目，不具备长期发展的空间，那么投资时间拉得越长，风险就越大。

其次，一个优质项目的利率是很可观的，投资者需要具备足够的耐心和决心，在复利的道路上持续前进，利用利滚利的方式实现财富的快速增长。如果仅仅只是采用单利的方式，那么项目优势和时间优势所带来的财富积累往往很有限。

最后，投资者最好找到实现财富倍增的关键点。复利效应在积累过程中会创造出一个财富翻倍的临界点，一旦达到这个点，财富就会发生翻倍。经济学中有这样一个原理：假设池塘中出现了一小片浮萍，每天浮萍都会增加一倍，预计10天就可以长满整个池塘。那么，浮萍长满池塘的一半需要多少天呢？

很多人也许会习惯性地认为需要5天或者6天，但事实上，根据"每天翻倍"的条件，答案是第9天。这看似令人难以置信，但确实反映了复利的特性：在复利的作用下，财富增长往往呈现出加速的趋势，并且会有多次财富倍增的机会，正如池塘中第9天和第10天之间的巨大跨越。因此，找到这个财富增长的关键点至关重要，它有助于投资者精准把握投资时机。

很多时候，投资者对自己的投资有时间和收益上的要求，尤其是在一些暂时用于过渡的项目中。他们会对自己的投资进行估算，确保在约定时间内能够达到预期的收益，而这对操作者的能力是一个很大的考验。在经济学中有一个理财72法则，这个法则能够迅速算出理财收益与时间的关系。具体来说，就是用72除以年利率X，得出的数值就是本金和利息翻一番所需要的年数。

假设Y先生在工作之余准备投资一个项目，预计项目的年利率为12%，他希望投资能在翻倍后退出，用于其他用途，但又不希望投资期限过长，项目期限不宜超过6年。那么他在进行项目规划的时候，就需要进行计算：$72 \div 12 = 6$（年）。6年的时间符合Y先生投资期限的设定，那么这个项目是可以用作投资的。

复利是一个非常实用的赚钱工具，而且能够产生财富倍增效应，对投资者来说是一个非常可靠的投资策略。这种策略不仅能帮我们积累财富，还能激励个人保持积极的工作态度——确保每天进步一点点。如果人们每天都坚持在项目上比前一天多赚一点，那么随着时间的推移，累积下来的财富同样会非常可观。

采用蓝海战略进行规划

某商业街上出现了一家寿司店，短短几个月内吸引了大量的顾客。每天，寿司爱好者络绎不绝，为了买到心仪的寿司，顾客们不得不提前预约。寿司店的火爆生意很快吸引了关注，一个月后，对面开设了第二家寿司店，同样生意兴隆，顾客盈门。

又过了半个月，商业街的街头开了第三家寿司店，这家店同样吸引了不少人。尽管如此，三家店的销售业绩依然保持强劲。然而，到了下半年，商业街上又相继开了五六家寿司店，这导致先前门庭若市的寿司店开始变得冷清起来。为了应对竞争，一些老店开始打折，并提供各种各样的赠品，试图压制竞争对手。不料，此举引起了一轮降价潮，大家的生意并没有明显好转，利润反而不断被压缩。

如果对这条商业街的寿司生意进行分析，就会发现这是一片典型的红海市场。其特征是竞争异常激烈，弱肉强食，市场规则已经确立。在这种环境下，竞争者首先考虑的不是自身成长，而是如何阻碍对手的发展，争夺资源和市场份额。在红海中，竞争往往会趋向于恶性，价格战以及一些不合理的相互攻击会频繁出现，只有那些最具实力的参与者才有机会生存下来。

与红海相对应的是蓝海，蓝海代表的是未开发的新市场和新需求。2000年，韩国经济学家金伟灿出版了《蓝海战略》一书，该书的出版在经济学界引起了巨大反响。蓝海战略强调企业、商家或者个人积极开拓新市场，改变原有的竞争模式，将挖掘和创造市场需求作为发展的重要目标。

在蓝海战略中，创造新市场和新需求是最核心的内容。通常来说，面对市场上已有的产品，最糟糕的思维方式就是"大家都在做，我也可以去做"，较为普通的思维方式是"我知道这个产品在市场上有很多，我要思考如何做到更好"，最高级的思维方式则是"市场上还缺少什么，这些需求背后有哪些未被满足的点，我能在现有基础上增加什么或创造什么"。

真正懂得赚钱艺术的人，并非仅仅挖掘现有需求，而是擅长创造需求。这种创造实际上是对消费者无法说出口的一种潜在需求的挖掘。智能手机的普及，正是因为将软件应用和 App 开发置于研发的首要位置，从而洞察到广大消费者对于手机软件的潜在需求。人们渴望更丰富的娱乐方式和游戏功能，诸如购物、社交、游戏、导航等服务，他们需要建立一种真正契合互联网需求的生活模式，尽管这种需求过去并未被清晰界定。

同样地，在选择商业项目时，可以从识别新的需求出发，以避免与竞争对手直接对抗。例如，鸡蛋灌饼作为一种广受欢迎的街头美食，其配料和制作流程大同小异，导致这一行业的竞争异常激烈。可是，有人想到了借助 3D 打印机来制作鸡蛋灌饼，利用新技术和工具，创造出各种形状的鸡蛋灌饼，从而成功开拓了新的市场。

这实际上体现了创新专家克莱顿·克里斯坦森提出的一个理论——消费者任务。克里斯坦森认为，推动消费者购买行为的根本动力是他们"需要完成的任务"，而这些任务往往是隐性的，消费者自己也无法准确地进行描述。由于大家通常关注现有的产品和商业模式，导致这些任务经常被忽略。

很多科技产品的发明都是被消费者任务推动的。人们一直期待着某一天可以像鸟类一样自由飞翔，但科学家不可能给所有人安上翅膀，于是飞机便成了一种新型的交通工具。电话的出现、智能家居的流行、自动驾驶技术的发展，都是为了迎合各种各样的消费者需求，其中一些产品甚至超出了消费者的预期，但他们在潜意识中的确有过类似的需求。

在经营的过程中，了解消费者的任务同样至关重要，这涉及洞察潜在客户的想法和需求，以及市场尚未挖掘的需求。一般来说，挖掘新需求和新市场具有以下几种常见的方式。

第一，在市场上开辟新的产业，打造一个从未有人尝试过的项目。最典型的就是美国西部出现淘金热时，大家纷纷前往西部淘金或者做镜子交易，但有一个人选择制作和出售更牢固的裤子，最终创造了牛仔裤这个新产品。然而，开辟新产业通常非常困难，因为多数人的思维拓展能力有限，而且新出现的陌生产业往往成本很大，而市场的反应也充满不确定性。如果市场表现冷淡，那就意味着这个项目将会遭遇惨败。

第二，在原有的产业内，开辟一个新的需求和内容。比如，用新的技术和平台经营传统项目：电商和直播带货；用新的服务取代旧服务：厨师上门服务；用新的项目赢得新的客户群体：男性孕期心理咨询；用新的包装开辟新的需求：黄罐凉茶取代红罐凉茶。一般来说，蓝海市场都是在原有市场内开发出来的，通过技术或服务上的创新，开辟新的需求，这样就可以有效避开激烈竞争。

经营者必须明确，真正的竞争对手并非同行，而是所有可能满足消费者任务的选项。因此在经营的时候，经营者应该先从市场和客户的需求入手，进行深入挖掘，寻找那些一直存在但未被发现的需求。一旦找到这些隐藏的需求，项目的推动就会变得更加轻松。

第七章

副业经营，拓宽财富增长渠道

在这个充满不确定性的时代，单靠一份主业收入已难以满足人们对美好生活的追求与向往。无论是为了实现财务自由的梦想，还是出于对抗职业风险、增加生活保障的实际需要，越来越多的人开始探索副业的可能性。副业不仅能够为个人带来额外的经济收益，还能激发个人潜能，实现自我价值。因此，副业经营已不再等同于简单的兼职，而是向着专业化、个性化方向发展，成为一种新的生活方式。

但是人们想要发展一项副业，就要考虑它与主业之间的关系，这种关系主要体现在：发展副业会不会影响主业的发展，人们应该如何更好地安排主业和副业的运作，应该如何规划未来的事业走向。如果无法妥善处理或者直接忽视了这种关系，就可能导致主业和副业之间产生强大的摩擦，两者可能形成相互阻碍、相互破坏的局面，而这显然违背了发展副业的初衷。因此，对于副业经营者来说，厘清主业和副业之间的关系，明确彼此之间的定位，显得尤为重要。

合理安排时间，协调好主副业的工作

在经营副业的时候，我们面临的挑战往往不在于选择何种项目，而在于如何避免副业与主业之间的冲突。由于一个人的时间和精力是有限的，这就意味着在主业上的投入必定会压缩副业的经营空间；反之亦然。因此，人们在发展副业的同时，应当深入了解自己的实际情况，并对主副业进行合理安排，以避免相互干扰。

在协调主副业的发展时，选择合理高效的时间管理方法非常重要，它们是保障主业和副业能够同时发展的基础。比如，很多知名的企业家可能兼顾了多重副业，他们既是作家、慈善家，也是电影制作人。丰富的业余生活和多元的生活方式并没有让他们顾此失彼，也没有影响到主业的掌控，这归功于他们卓越的时间管理技巧。他们可以对自己的不同工作进行合理安排，确保在顺利完成主业的同时，为副业留出充足的时间。

那么，如何才能合理地支配时间，高效地完成所有工作呢？

首先，列出自己的工作清单。对于那些拥有副业的人来说，要确保主副业之间不会相互干扰，关键在于清晰地理解它们之间的关系，并进行基本的流程规划。因此，列出一整天要做的工作清单非常重要。主业工作清单要列出一天工作中要做的大小事件，一般只要列出最重要的几件事即可。副业的工作清单，主要看副业应侧重于那些需要优先处理的重要工作。

以市场经理的主业为例：早上八点接见重要客户；十点之前向总经理提交工作报告；整理当月的市场调查资料；购买三天后出差的飞机票；去车间里检查这一批次的产品质量，并撰写质量检查报告。

副业（写作）：晚上八点要赶出一篇时评，或者在头条发表一篇散文。当列出一天的工作清单之后，人们可以针对性地对工作和时间做出调整，确保主业工作能顺利进行。为避免主业与副业相互干扰，必须为两者设定明确的时间界限：主业一共需要花费多少时间，主业内部的相关工作环节分别需要耗费多少时间；副业一共需要花费多少时间，副业的各个重要流程分别需要耗费多少时间。

如果主业的工作得心应手，甚至还有时间盈余，那么就可以顺利推动副业的工作。反之，如果主业工作未能在工作时间内完成，可能需要加班处理，这将减少副业的时间。因此，当天适度放弃副业的工作就变得很有必要。

虽然我们的工作安排以主业为主，而且大部分的时间和精力要用到主业当中，但这并不意味着必须等到所有主业工作完成之后才开始做副业。在很多时候，主业与副业是可以交叉进行的，也可以在时间上形成互补。正因为如此，合理安排时间，进行统筹规划至关重要。

著名的数学家华罗庚曾经写过一篇名叫《统筹方法》的文章。在文章中，他提到了沏茶的例子。很多人在沏茶的时候，会先洗水壶和茶具，再烧开水，最后泡茶；或者先洗水壶和茶具，取茶叶，最后烧水泡茶。但善于利用时间的人会选择先清洗水壶，然后烧水，在烧水的同时清洗茶具，取茶叶，待水开后立即泡茶。这种方法实际上节省了清洗茶具和取茶叶的时间。我们在协调主副业工作的时候，也可以使用这种统筹方法。

比如，某人是一家面点店的老板，主业是制作糕点和面包，但与此同时他也是一个知名的美食主播。他每天都会分享自己的工作，所以在制作糕点的过程中往往会开着手机镜头进行直播。

又比如，一位办公室职员每天都会认真完成上级分配的每一项任务，但这并不表示他没有余暇从事其他活动。事实上，当他工作了1个小时或者1个半小时之后，他可以利用休息时间在朋友圈发送自己代理的产品。一位工程监理参加完公司的早会后，通常会驾车前往工地进行监督。为了有效利用这段驾车的时间和路程，他特意找了一份兼职——为工地附近写字楼的白领送奶茶。

在主业工作不那么紧凑的时候，时间是可以被合理规划的。通常情况下，如果主业工作较为漫长且不急需立即处理，可以适当穿插一些副业工作。此外，人们完全能够利用那些零散的时间来安排副业，例如午休或短暂休息时，可以思考副业的经营策略。

需要注意的是，时间管理的核心是为了提高单位时间内的工作效率和工作效益。因此，为了确保时间够用，人们必须设法提高自己的工作效率，确保单位时间内完成更多的工作，这是合理安排主业和副业工作时间的基本前提。为了提高工作效率和效益，人们需要保证工作期间不存在浪费时间的行为，如浏览网页、微信聊天、手机游戏、网络购物等，同时要保持工作的专注度。

此外，人们还需要掌控好工作的节奏，既不能拖延，也不能盲目求快。保持必要的专注和谨慎，保持一个合理的推进速度，这样才可以将工作真正做到稳健高效。

打造主业和副业的产业链，拓展盈利空间

为了提升抵御风险的能力，通常不建议在资产组合和配置时投资关联性强的项目。这是因为关联性强的项目之间可能会存在很大的利益往来，一旦其中一个项目遇到了突发情况，可能会波及其他项目的正常运营，导致整个关联产业面临亏损的风险。不过，这并不意味着所有的关联性项目都要遭到投资者的排斥。事实上，当事业经营得当，运转顺畅时，关联性项目投资反而能成为资本增值的有效途径。在主业和副业的搭配上，也是如此。如果人们所经营的主业非常成功，产业结构很完善，而且整个行业拥有良好的发展前景，那么选择一个与主业相辅相成的副业，将是一个非常不错的搭配模式。

观察顶级商人和企业家的投资行为，我们会发现他们往往不遵循"避免关联性项目"的传统投资原则。例如，京东创始人刘强东不仅涉足电商，还承包了物流和仓储工作。马云在电商领域取得成功的同时，也几乎整合了国内大部分快递品牌，并进一步进军生鲜市场。华为的任正非，其主营业务是通讯设备制造，后来又扩展到手机终端，并开始涉足安防行业和车载智能系统等领域，这些都属于关联性很强的项目。

很显然，当个人实力足够雄厚，或者投资的产业发展良好且潜力巨大时，主业与副业可以共存于同一条产业链上，成为产业链上下游的一部分。比如，主业是产品组装，副业则可以侧重原材料供应，或者半成品加工，还可以侧重产品的销售网络。为了拓展盈利的空间，主业和副业的关系可以更加紧密。当主业的盈利非常可观时，主业与副业的协同作用可以实现互补和相互促进。

张先生是一家装修公司的监理，主要负责与客户沟通、签订装修合同，并监督施工团队完成项目。作为监理，他的薪酬通常由固定工资和装修提成构成，年收入可达15万元。然而，张先生并不满足于仅从事监理工作，他与同行合伙开设了一家装修材料店。这样，客户可以直接从店内购买所需材料。这一举措使得他的店铺利润甚至超过了监理工作的工资。

在同一条产业链上，主业和副业之间往往能够形成互补效应，降低成本并拓展市场，实现业务互动和资源共享。例如，如果某人的主业是养殖鸡鸭，那么他在拓展自己的熟食店生意时，就可以以较低成本拿到制作熟食的原材料。同样，经营连锁商店的业主可以利用这些商店推广其副业中的酒水代理业务。

在主业和副业之间构建起来的产业链，往往存在以下几种关系。

第一，资源供应组合。资源供应意味着主业可以为副业提供基础资源，或者副业可以作为主业发展的资源供应基地。一般来说，资源开采和加工的产业项目最适合用于发展这种组合，因为一方可以为另一方提供更廉价的资源。

第二，发展平台组合。发展平台指的是主业为副业提供发展平台，副业也可以为主业创造平台进行业务宣传和扩张。例如，主业从事外贸生意的个人，副业是担任写手，他可以利用写作积累的人脉和平台来宣传外贸业务。

第三，市场开拓组合。市场开拓是指主业利用自身优势帮助副业开拓市场，副业也可以利用自己的资源优势帮助主业在市场上建立营销优势或者开辟新的营销渠道。例如，主业经营鞋厂的个人，副业从事电商，可以利用电商平台销售鞋子，此时副业就成为一个理想的销售平台。

第四，实力强化组合。当主业和副业位于同一个产业链中时，往往可以有效提升生存能力。这是因为主业可以成为副业的坚实后盾，副业也能够有效提升主业的竞争力，两者通过互补性相互促进，实现共同强化。例如，一位职业球员同时担任某体育网站的特约嘉宾，他便能借助特约嘉宾的身份提升自己的知名度和影响力。同时，他在发展副业的时候，可以借助职业球员的优势获取第一手的体育资讯。在这种协同组合下，主业与副业相互促进，共同提升其在体育界的影响力。

第五，共源组合。主业与副业有时可基于相同的资源基础构建，形成具有资源共享优势的共源组合。例如，一个人的主业是生产水果罐头，副业是水果批发，两者实际上共享同一种资源——水果。在拓展水果批发业务时，无须额外投资建立新的供应渠道，只需利用在水果罐头生意中积累的供应链。在发展副业时，向主业所在的产业和行业靠拢，这种组合模式能够有效增强经营者的行业话语权和竞争力。然而，并非所有组合都适合建立在同一产业链内。在产业竞争激烈且利润空间有限的情况下，让副业与主业跨行业组合，可能是一个更为稳妥的选择。

做好主业和副业的身份转换

无论是经营主业，还是经营副业，人们往往需要扮演不同的身份和角色，因为主业和副业往往涉及不同的职业领域。人们需要做不同的事，展示不同的技能，提供不同的资源，也需要在团队中扮演不同的角色。例如，一个以创办企业为主业的人，副业可能是小说创作。在这种情况下，他实际上承担着两种截然不同的身份：在经营主业的时候，他扮演企业家的身份，需要发挥自己的领导力来管理企业，带领团队开拓更大的市场；在写小说的时候，他的身份就是一个作家，深入生活并挖掘生活素材，挖掘人物内心的故事，才是他应该去做的事情。

除了这种技能和职能上的转变之外，主副业中的个人角色常常也不相同：一些人在主业中可能只是扮演一个普通的执行者角色；而在副业中，他们可能转变为掌控者和领导者，成为项目中的关键人物。比如，有的人是很普通的上班族，每天的工作就是负责执行上级安排的任务，他们在企业中的地位很普通，所起到的作用也很有限，并不是那种不可或缺的关键角色。但是他们在经营副业时，如果打造了属于自己的事业和产业，就可能变成项目中的核心阶层和领导者，成了推动和决定整个项目发展的关键人物。

事实上，主业和副业的搭配形式多种多样，但无论是出于营收需求，还是发展的需要，都和自身的发展规划、个人能力有关。人们需要根据自己的需求，在主业和副业之间灵活切换，而这种切换不仅仅是时间管理和资本分配的问题。尤为重要的是，在切换中一定要注意身份的及时转换，以应对不同的工作场景。

举一些非常简单的例子，假设某个人在公司是一名精英员工，深受上级的器重，负责了公司内部的一些重大项目，在公司里拥有很大的话语权和工作权限，能够自主安排工作，甚至指导他人的工作。但是在经营副业项目的时候，他只是一个小股东，对于工作没有太多的管理权限，而且也缺乏相应的经验。如果他仍旧按照公司里的身份和权限来经营自己的副业，可能会因为指手画脚、不懂装懂而破坏内部的团结，甚至引发他人"抢班夺权"的质疑。

同样，某个人在主业中可能只是一个不起眼的小角色，在公司里也许很少有人会关注他，而他也无法通过工作来展示自己的全部实力。当他开创属于自己的副业项目之后，也许就成了某个项目的老板，成了某个核心团队的负责人。这个时候，他的个人价值会凸显出来。如果他在从主业到副业的转变中仍然缺乏自信，继续将自己视为一个无足轻重的小人物，他就很有可能在副业工作中畏首畏尾，缺乏应有的工作担当、自信和决断力。

很多时候，人们在主副业的身份转化中会产生落差心理和惯性心理。落差心理就是指在某一工作中的职务、作用、地位被迫下降，导致自己对工作产生排斥和畏惧的心理，最终使得工作效率下降并产生厌倦感。而惯性心理则突出表现为将自己在某一工作中形成的个人形象带入其他工作当中，造成身份混淆，无法清晰地认识自己。通常情况下，人们在主业中形成的自我形象认知会直接影响到副业的工作表现，从而影响副业的经营和管理。

人们在主业和副业中扮演的身份和角色是有一定差别的，正视这种差别是安排好自身工作的前提。因此，在应对不同工作的时候，我们要懂得及时切换身份，及时转换自己所扮演的角色。这种转换一般包含了以下几种形式。

最初级的形式就是功能转变。简单来说就是人们要转变自己的工作模式。选择不同的专业技能、工作方法、工作理念和工作模式，从主业的业务员、白领、企业家、养殖户、电商等身份，转换成经营副业时所需的写手、主播等身份，两者的工作性质截然不同。

深一层次的形式就是角色认知的转变。人们必须接受自己在主业和副业中所起到的不同作用，以及所拥有的不同地位。一些在主业中是核心人物的人，必须接受自己在副业中可能会被边缘化的转变；同样地，在主业中表现一般的人，可以以更加自信的心态来迎接副业中扮演的核心角色。角色的切换自如，有助于他们更好地处理好自己与团队的关系。从某种意义上来说，这种角色转变和角色认知模式的转变，需要明确主副业工作之间的边界。

最高层次的形式就是思维上的转变。在主业和副业的身份切换中，往往伴随着个人对相关工作的认知模式转变，不同的认知决定了个人的状态。比如，需要改变那种"副业只是小打小闹"的想法，要从更高的思维层次上来看待和分析副业的工作，将副业当成一份正式的职业，并制定长远的战略规划。同时，应给予自己在副业中所扮演的身份以充分的尊重。即便这些身份和角色并不完全符合预期，也应全心投入，以更高级的思维去理解副业在个人发展中的重要性。特别是那些希望借助副业实现转型的人，更应该如此。要想将副业发展为主业，在从事副业工作的时候，就需要加大自己的投入，并从一开始就站在更高层次上来看待身份的转换。

需要注意的是，无论是从主业到副业的这种身份转变，还是从副业切换到主业的身份和角色上，都应该尽量保持自然、顺畅，要控制好转换的节奏，让自己从容应对不同的工作场景和工作需求，提升自己对工作的掌控力。

经营副业，不要有备胎思维

许多人在发展副业的时候，会产生"一旦我的主业不行了，至少还有副业作为后盾"的念头。这种念头会驱使他们同时推进主副业，导致在工作中变得犹豫不决，难以判断是应该专注于主要职业，还是应该提前布局副业。特别是在主要职业遇到困难时，他们更倾向于"加大对副业的投资，早日放弃主业"的想法。一旦人们产生这种危险的想法，就难以全身心地投入到主业工作当中，就难以将主业做好。

李小姐是一家韩式风格服装店的老板，多年来一直致力于此。然而，2020年以来，其收入相比巅峰时期下降了约40%。面对困境，她开始考虑开展副业。经过筛选，她决定和几个朋友合资开一家美甲店。

说干就干，美甲店很快便开了起来，而且生意还不错。看着冷清的服装店还有生意不错的美甲店，李小姐萌生了将服装店关掉的想法。她不断减少对服装店的投入，工作时间也由原来的10个小时缩减为8个小时，也不再像过去那样积极更新服装款式。李小姐没有意识到，许多商家已经在通过微信朋友圈和直播的形式卖衣服。后来，她所在的商业街恢复了生机，很多服装店也在慢慢回归正轨。然而，李小姐不愿再像过去那样一心扑在服装生意上，结果她的服装店的生意每况愈下，最终不得不以低价转让。美甲店的生意虽然也算不错，但是和服装店的收入相比相差太大，这让李小姐后悔不已。

随着越来越多的人发展副业，人们对于副业的重视程度越来越高，有时还会出现副业影响主业推进的情况。有些人将副业当成主业的备胎来对待，导致资源配置和时间安排的失衡，无形中增加了经营主业的阻力。

因小失大的现象在副业经营过程中非常普遍，很多年轻人经常在主业经营不顺的时候，寄希望于副业，将副业当成备胎来对待。比如，很多在工厂上班工人和初入职场的上班族，往往没有耐心等待一个漫长的成长过程，他们对于现状常常感到不满，并希望快速做出改变，而发展副业就成了一个理想的方式。然而，他们很少认真反思自己是否全力以赴于主业，是否真正努力解决问题，或者是否总是期望过高而能力不足。对于那些不认真对待主业，或者遇事就退缩的人，即便他们选择了优秀的副业项目，也很难长时间维系下去，因为当副业遇到挫折时，他们同样会产生逃避心理。

副业可以作为个人或者家庭创收的方式，可以作为一种兴趣满足，也可以作为一种生活体验，但无论是哪一种模式，人们都需要确保它不会影响主业的正常运行。在面对主业工作时，人们需要保持专注，需要保持精益求精的工作态度，这样才能提升工作质量，实现更高的人生目标。除非主业的收入低于副业，且副业始终维持在一个高收入的状态，否则不应让副业去干扰主业的正常运营。

H先生是一位知名的博主。在2015年，他开始拍摄各种视频，视频内容涉及环保、动物、生活以及国内的一些旅游景点，并获得了不错的反响。后来，他在YouTube上注册了一个账号，然后将这些视频源源不断地传上去。和国内的视频平台不一样，YouTube允许在视频播放时长达到4000小时，且订阅用户数达到1000人后开始获得收益。

通常，视频每千次播放可获得约1美元的收入。H先生的几个视频播放量巨大，有的甚至突破了千万次，这些视频总计为他带来了大约20万美元的收益。可是尽管这样，他仍旧没有放下自己的主要工作，仍旧坚持在北京的一家公司上班。在他看来，虽然短视频带来了很高的收入，但是它并不是一个长久的项目，未来几年时间可能就会失去竞争力，因此不能放弃自己的主业。

事实上，对于多数人而言，主业仍旧是个人收入的主要来源，它决定了一个人的经济状况；副业更多时候是用来增加收入的，即便副业的发展越来越好，人们也不能轻易动摇自己的主业。因此，从开始发展副业的时候，人们就要坚守几个原则。

第一，在副业开始起步的时候，必须确保主业在资产结构中的绝对地位，严格按照资源分配的比例来经营主业和副业。经营者要将大部分精力、时间和资源用于主业经营上，全身心地投入到主业当中，确保持续进步。

第二，副业得到发展壮大是一件好事，但不能因此就判定它的发展潜力和发展空间要比主业更好。在对主业产生审美疲劳的时候，或许冷静下来分析一下主副业之间的区别，审视两者之间的差距，便可以避免副业占据太多主业的资源。

第三，要保持更加乐观的心态，也要拥有足够的耐心。当主业发展位于低谷时，不要盲目放弃发展机会，也不要轻易转移发展目标。我们要对自己保持强大的信心，也要有足够的耐心去解决发展中出现的问题，这样才能安然度过低谷期。

第四，保持副业的独立性，将其当成一种补充，而不是一个备胎。副业的经营发展有着自己的路线、规划和目标。副业的投入应该随着规模的扩大而逐步增加，它需要一个渐变式的成长过程，而不是一下子就超过主业投入。当副业越做越大、越做越稳定，而主业慢慢走下坡路，在营收方面落后于副业的时候，才需要考虑将副业当成替代品，或者直接将其作为主要职业。

因此，在发展副业的时候，一定要拒绝备胎思维，平衡好主副业之间的关系，平衡好个人资源的配置。个人一般需要制定一个主副业的明细表或者对比图，以观察主业项目的发展情况和营收状况，了解副业的营收状况以及它和主业之间的差距。比如，有的人一方面会严格遵循主业为主的发展策略，另一方面则会画出主副业的发展曲线。通过这条曲线，可以明确地看到主副业的增长情况：产值多少，各自所占的比例多少，以及发展的速度对比。通过对比，他们往往可以更准确地判断副业是否真的具备挑战主要职业的潜力。总而言之，副业的地位应该由自身的发展状态来决定，而且需要一个更长的时间来验证，不能从一开始就把副业当成主业来培养，这样只会引发混乱。

寻求时机，将副业转化成主业

很多人对副业有很大的期望，一旦副业开始展现出积极的发展势头，他们便考虑全身心投入到副业中，期望将其转变为主业。然而，也有人认为主业不能轻易放弃，因为它在很长一段时间内都起到主导生活的作用，这绝对不是副业短期内就可以取代的。关于副业和主业之间的转化问题，不同的人往往有不同的见解。其实，副业是在主业之外开辟的新的财富通道，它通常都在充当辅助作用。不过，它和主业的关系并不是一成不变的，在某些特定的条件下，两者可以进行转化，或者说副业可以替代原来的主业，成为新的事业核心。

那么，在什么情况下副业可以转化成主业呢？转化的标准又究竟有哪些呢？

第一，收益标准：副业的发展超过了主业。收益通常是最直观的衡量标准，通过比较副业与主业的收益，可以做出初步的判断。假设一个人的主业收入是年薪15万元，而副业的年收入是30万元，那么扶正副业就很有必要。但是，如果副业的收入比主业只高几千元或者一万元，那么最好还是不要去冒险让副业替代主业。

此外，收益标准不应仅限于一年的对比，而应用一定周期内的平均数据进行比较，因为主业和副业的收入可能会有波动。为了更准确地确定两者之间的营收情况，可以考虑最近五年甚至更久的营业收入的平均数据，以此来判断哪一个的平均收益更高。

第二，潜力标准：副业的潜力值超过主业。收入的对比虽然足够直观，但考虑到主业经营的时间足够长，而副业属于新增加的创收渠道，两者的发展规模和成长度都是不一样的。如果从长远角度来考虑，潜力值或许是一个更合理的选择标准。简单来说，如果副业在未来的成长空间更大，更有可能成为带动个人财富增长的主要引擎，那么就要重点关注副业的发展，并在它达到一定规模时就选择替换主业。但是，如果副业的存在仅能解决当前的经济需求，而缺乏未来的成长潜力，那么就不能颠倒主业和副业的顺序。

K女士是上海一家公司的高级白领，每个月的收入是固定的2.7万元，加上年终奖5万元，年收入为37.4万元。她和朋友投资开了一家化妆品店，每年的分红达到了15万元。此外，她们代理的化妆品品牌正积极拓展中国高端市场，预计未来几年将迎来发展的高峰期，届时该品牌有望成为市场上的热点。K女士如果能有更长远的规划，她应该投入更多的精力，把现在的投资转化成主业来经营，确保把握住这个巨大的商机。

第三，成长标准：主业停滞，并严重影响到自己的发展。通常情况下，不建议盲目替换主业，但是如果主业增长缓慢，收入不稳定且水平较低，那么就要考虑替换主业，特别是当副业正处于蓬勃发展期。这种此消彼长的状态往往预示着主副业关系的转变，但这种成长标准需要一个比较明显的落差，比如主业一直都在停滞，或者陷入到倒退的状态，个人的前途开始受到影响。在未来一段时间，自己可能会在主业中遭遇严重的危机，甚至会拖累自己在副业中的投入。与此同时，副业的规模一直不断扩大，每年都在以很快的速度增长，在生活中扮演的角色越来越重要，对个人发展的影响也日益显著。

普通职员S先生在公司里工作了十几年，工资和职务一直都没有什么变动，发展前景一片渺茫。最近得知公司准备重组，可能会宣布裁员，S先生觉得自己可能会就此被公司辞掉。即便不失业，留在公司恐怕也难以得到发展机会，于是他决定辞去工作，专心在家经营水果店。尽管水果店的收益目前还不高，但是营业额每年都在增长，而随着小区入住率的增加，水果店的生意还会越来越好。

第四，层次标准：副业位于产业链的高端层次。在主业和副业的关系中，并不意味着主业一直占据优势地位。很多时候，主业的定位只是建立在先发优势和营收优势之上而已，它们有可能处在一个低端的市场和产业项目上。如果副业位于整个产业链的高端层次，而主业位于低端层次上，那么在行业发展势头良好的时候，副业因其更高的层次而更易获得成功。

以养殖业为例，一个养牛的农场主可能拥有一个小型养牛场，但养牛业本质上仍处于产业链的低端。为了实现产业的升级和转型，他可以考虑投资牛肉加工厂，或者打造一个肉类食品品牌。考虑到未来的发展和产业布局，副业的发展层次显然更高，也代表了未来养殖业的一种业务发展趋势。因此，从单纯的养牛向肉类食品营销转化就成了一种必然。

第五，能力标准：副业更能激发自己的能力。依据马斯洛需求层次理论，人类的需求可以分为生理需求、安全需求、社交和情感需求、尊重需求以及自我实现的需求。通常，赚钱活动满足的是生理需求，属于较低层次的需求，而个人发展、能力增加与价值体现则是自我实现的需求，属于较高层次的需求。为了追求长远的发展，人们往往追求个人的自我实现，所以如果主业仅仅是满足人们低层次的需求，而副业有利于实现个人能力和价值的增长，那么实现主副业的转化就显得很有必要。

学习汉语言文学的优秀文学青年Z先生，在大学毕业后开了一家网店。由于不善于营销，他的生意一直平平无奇，并没有像其他人那样将网店越做越大。面对不佳的生意状况，他重拾写作爱好，笔耕不辍，逐渐在知名杂志和在线投稿平台赢得了声誉，也因此获得了不少奖项。不少网站前来找他约稿，并邀请他参与各种文学奖项的评选工作。权衡利弊之后，Z先生决定减少经营网店的时间，慢慢将大部分精力投入到写作当中去。

对于那些希望将副业发展为主业的人来说，可以参考以上五个标准，审视自己的主要职业和副业是否符合上述条件。需要注意的是，在一个相对稳定的资产组合与产业结构中，主业和副业的盲目转化可能会破坏原本稳健的资产结构，因此人们需要谨慎做出选择。

第八章

常见的赚钱项目与成功案例

在当今社会，随着经济发展和个人追求的多样化，人们对于财富的渴望日益增加。无论是为了实现个人梦想、提升生活质量还是为了追求财务自由，探索有效的赚钱项目成了许多人关注的焦点。

本章将带领大家深入了解一些热门的赚钱项目及其背后的成功案例，从而帮助您在创业或投资的路上更加自信和明智地前行。这些项目不仅具有典型的时代特征，而且能够迎合人们的生活理念和择业理念。例如，直播带货、撰写文章、代购、在线教育、包租业务、股票交易以及地摊经济等，就是典型的代表。我们将剖析这些项目的独特之处，以及它们是如何在竞争激烈的市场中脱颖而出的。

场景式社交与电商的结合：
直播带货

直播带货无疑是近年来最热门的创业趋势之一，吸引了众多有志之士投身其中。那么，什么是直播带货呢？简单来说，它是一种利用互联网平台和直播技术来展示商品，并提供实时咨询、答疑及导购销售的创新服务模式。直接参与直播且负责宣传和销售的人称为主播，他们会在相关平台上创建个人的店面和直播间，通过在直播间内介绍产品吸引粉丝的关注。

直播的兴起和互联网技术的发展密不可分，短视频的发展更是直接推动了直播产业的发展和兴盛。和互联网的其他产业相比，直播以及直播带货的兴起有着自身的优势，即它抓住了短视频发展的机遇——人们越来越渴望视觉化的刺激。与静止的画面相比，直播不仅满足了社交互动的需求，还展示了丰富多样的生活内容。

回顾互联网的发展历程，我们可以看到它始终在满足社会发展的需求。从最初的的淘宝店开始，电商业务便开始快速发展，人们足不出户就可以买到心仪的产品，享受更多的选择。随着微信的发展和普及，微商开始兴起，人们开始在朋友圈和社群内分享和宣传商品，将传统的贸易与互联网社交需求紧密结合起来。短视频的兴起进一步拓宽了市场，因为消费者不仅追求社交和购物，还希望购物体验更加场景化，而直播带货恰好满足了这一需求。

如果说场景化销售看重的是彼此之间的互动，那么直播带货的一个重大优势就是传播速度快。依靠短视频的传播和粉丝的增加，直播业务往往可以在短时间内呈阶梯式扩张出去。和传统的电商以及线下店铺营销的方式相比，直播带货可以在短时间内依靠粉丝实现品牌传播，更重要的是，它可以兼顾主播的明星效应、产品的品牌效应以及社交状态下的资源共享模式，确保更多的消费者为直播业务买单。

小刘是一位刚步入职场的应届毕业生，如今在一家外企上班。在上班期间，他还兼职了一份直播业务。起初，小刘仅制作一些短视频来吸收流量，并试图通过这些视频获得厂家的广告费用。随着直播带货的发展和兴盛，他想到了家乡世代都在流传的竹子制作工艺以及相关的日用品和工艺品。于是，他借助某短视频平台帮助乡亲们推广竹篮、竹床、竹凳、竹筛和箩筐等产品。得益于他在制作短视频时积累下来的大量粉丝，他很快就帮助家乡的竹制品打响了品牌。

除了传播速度快以外，直播带货还具有低成本的优势。依靠直播平台，人们可以以最小的成本来销售自己的产品，或者帮助企业销售产品。在传统的线下营销模式中，广告是关键的营销方法之一，但无论是电视广告、报纸广告、街边广告、明星代言还是宣传活动，都会产生高昂的费用。对于多数人来说，这样的开销是难以承受的。而邀请一位普通网红或者主播，可能仅需支付几千元的基本工资加上提成，这比动辄几十万、几百万，甚至几千万的广告费要少很多。

正因为直播带货具有成本低、传播速度快的特点，人们可以将其作为自己的商业项目。直播带货行业本身提供了多种项目和工作机会。

第一，选择直接当主播。在直播带货业务中，成为主播无疑是很多人的梦想。国内有很多直播带货的精英，他们的流量吸引力甚至超过许多一线明星，成为许多人投身直播行业的动力。毕竟，谁都希望自己能成为那些年入数亿的超级主播。成为主播的门槛其实并不高，很多低学历的人也在直播圈打响了自己的品牌。不过，想要真正卖出更多的产品，需要强大的营销能力和表达能力，还要掌握一些直播的技巧。此外，很重要的一点就是主播必须打造一个个人品牌，使直播内容具有特色，留下自己的独特印记，这样才能吸收更多的流量。

第二，投资电商公司。在直播带货的整个产业内，电商公司是直播带货业务的核心参与者，也是直播带货业务兴起之后最大的受益者。作为资金的主要提供者，电商公司原本都在淘宝、京东等少数几家平台上经营自己的线上业务。然而，随着那些平台流量价格的提升以及竞争的日益激烈，电商公司开始看重直播业务。直播的流量、转化率和利润为电商公司敲开了新的财富大门，因此商家们纷纷开始设立自己的直播间，亲自上阵直播带货，或者花费重金邀请模特和网红带货。对于那些希望抓住直播带货机遇的人来说，直接成立电商公司并启动直播带货业务，可以更快地进入市场。与直接成为主播略有不同的是，为了推动电商公司的发展，商家们需要在直播营销中重点强调和突出产品和品牌，尽量减少对主播个人品牌的依赖，以避免主播更换时带走大批忠实的顾客。

第三，投资直播机构。直播机构是专门负责孵化和培养直播网红的机构，有的机构会重点培养自己的主播和网红，有的会招聘主播和网红。这些直播机构一般都是实行直播带货的经营模式，通过带货来赚取不菲的收益。从2019年开始，各种直播机构就如雨后春笋般涌现，推动了直播行业的蓬勃发展。一些直播机构还做起了直播培训的业务，很多资深的主播和网红担任培训导师，这也成了一个高利润领域。一般来说，想要投资直播机构，就需要构建一个专业的运作团队，并且需要有经验、有资质、拥有广泛资源的专业人士加入。

第四，成为圈内的资源整合者。有些人可能觉得自己不适合成为优秀的网红或主播，也无法建立直播机构，同时在投资电商公司方面存在风险，这时可以选择成为资源整合者。资源整合者的主要工作是整合直播机构（包括主播）与电商公司之间的资源往来。直播机构可能无法与电商公司顺利合作，而电商公司也可能难以找到有能力的网红和主播。在这样一个既需要资金支持又需要主播推广产品的行业，资源整合者的作用就显得尤为重要。他们可以起到类似于中介的作用，帮助直播机构拓展业务，同时为电商公司找到合适的主播。一般来说，想要成为资源整合者，需要对直播带货行业非常了解，同时具有一定的资源。

2020年6月，中国商业联合会发布通知，由下属媒体购物专业委员会牵头起草制定《视频直播购物运营和服务基本规范》和《网络购物诚信服务体系评价指南》两项标准。作为行业内首部全国性标准，这些规范有效规范和推动了直播带货的发展。

从目前的发展来看，直播带货业务仍旧处于上升期，但市场上的红利已基本被瓜分。只有那些拥有顶级流量的主播才有机会获得丰厚的收入，而大多数普通主播仍然缺乏强大的竞争力。电商公司和直播机构由于竞争日益激烈，正逐渐进入红海市场。新入局者必须考虑当前的行业发展状态和环境。

自我抒发与表达的需求：写文章

陆先生是一家中介公司的管理人员，他的日常工作是搜集买卖双方的房产信息，并整合资源以促成交易。尽管他的收入相当可观，但他内心一直渴望能够创作一些文字作品。首先，他在大学期间就喜欢投稿，并且每年至少有10篇稿件被采用，这证明了他在写作方面的扎实基础。其次，陆先生从事房地产的工作已经有十几年了，积累了丰富的经验，并对国内房地产市场的发展趋势有着深刻的理解。他深知哪些房产值得投资，哪些则需谨慎对待，他渴望将这些知识整理出来，为购房者和投资者提供参考。最后，陆先生的工作还是比较轻松和安逸的，他拥有大量的时间可以自由安排。

得益于扎实的写作基础、丰富的工作经验与充裕的时间，陆先生开始在工作的间隙写一些关于房地产市场动态的文章。他的文章涵盖了购房流程、一、二线城市的购房指南、小县城的房产投资、学区房、二手房买卖、新房装修、贷款须知等热门问题。

一开始他在博客上发表文章，吸引了众多粉丝。许多人留言向他请教购房的技巧，因此他开设了一个公众号，专门提供购房建议。由于他的见解独到、内容新颖、文风有趣，加上很多人采纳了他的建议并做出了明智的购房决策，他迅速成了公认的专家。他的公众号非常火爆，一些经济类杂志开始向他约稿，甚至有经济周刊为他开辟了专栏。随着写作事业的蓬勃发展和名声的日益增长，他每年依靠文字的收益就有几十万元。

在多数时候，写文章似乎是文人墨客的专属领域，普通人很少会涉足，更不用说在专业领域内写作。然而，随着越来越多互联网平台的出现，写文章变成了一种大众化的娱乐方式和自我表达的渠道。更重要的是，写文章如今已经成了很多人多元化创收的重要选项。一些人是专业的撰稿人，他们将写作当成一项事业，投稿成了他们重要的工作，常见的投稿类型包括小说、散文和诗歌。

一些作者通过写作来展示他们的生活状态和表达内心感受，他们更注重表达自我，而不是过分雕琢文字。另一些作者则将写作视为解答疑惑和展示专业知识的途径，他们往往根据自己的专业背景来撰写文章，例如从事IT行业的作者会在各种平台上分享工作经验，帮助关注者解决实际问题。这类作者通常非常重视粉丝经济，他们懂得如何将专业知识转化为文字内容，以此吸引更多的流量和粉丝，作为变现的一种手段。

写文章之所以会受到越来越多人的欢迎，主要有三个原因。

第一个原因是表达观点和写作的平台越来越多，而且很多平台的门槛很低，人们可以更加轻松地在上面抒发自己的观点。无论是博客、微博、公众号、微信朋友圈、知乎、社区平台，还是在专业平台投稿，都为人们提供了写作的空间和表达的机会。即便是那些非专业的写作者，也能通过写文章的方式吸引更多的关注。

第二个原因是随着社会的发展和开放，随着生活水平的提升，人们越来越多地关注社交生活，越来越看重自我展示，自我表达的需求和彰显个性的欲望变得十分强烈。这个时候，人们开始频繁借助相关的平台和工具进行文字交流，自由抒发自己的观点，分享自己的生活和工作经验。

第三个原因是随着知识经济的不断发展，人们对于知识尤其是专业知识的需求越来越大。无论是生活经验还是工作经验，都可以产生很好的指导作用，帮助人们更好地应对生活中的各种问题。正因为如此，很多人开始谋求将自己掌握的专业知识直接变现，通过售卖知识赚钱，或者以此来吸引更多的流量。

总而言之，写文章渐渐走向了大众化，并且日渐成为社会分工和专业精细化的产物。文字的文学性变得不那么重要，专业性和逻辑性成为重要的考量标准。那么，对于普通人来说，如何才能真正依靠写文章来发展副业呢？如何才能通过写文章赚钱呢？

首先，保持专业性。读者希望从文章中得到一些有价值的信息，并且这些信息应具备专业性，满足专业需求。正如房产和股票投资者关注提供专业指导的公众号一样，市场上对文字信息的追求大多反映了专业需求，这是知识经济时代的产物。将写作作为副业的人必须发挥自身优势，专注于专业领域的写作，尤其是自己擅长的领域，以便更有效地传播经验。除此之外，保持专业性还要选择专业的平台，经济类的文章就要选择经济类的平台，医学类的文章就应该寻找医学类的平台或者专栏。只有实现专业化的分类，才能更好地迎合读者的兴趣。

其次，要学会积极引流。对于写文章的人来说，保持高质量的专业内容固然非常重要，但引流同样重要。在信息时代，流量是市场和收益的保障。因此，在提升自己的专业水平和写作水平时，更要懂得如何吸引更多的人关注。一般来说，可以通过拓展传播渠道的方式来实现这一点，即通过更多平台分享观点和知识，如公众号、微信朋友圈、微博、知乎以及各类论坛。为了确保关注度，作者可以选择在更专业、更高端的平台上发表文章。此外，为了提升知名度，写文章的人要善于自我包装，运用一些基本的营销手段，吸引更多的关注。例如，鼓励朋友圈的人转发文章，为读者提供小奖励，给自己设定一个更加专业的头衔，这些都是包装和推广的手段。

再次，多写一些热点话题或者生活化的话题。作者若想获得更多关注并抓住读者的心，应多关注社会热点，讨论当前热门事件。例如，过去几年的互联网电商、房地产，以及当前的直播，都是非常热门的话题。此外，文章的内容应该贴近生活，要从日常生活中的那些事情入手，这样就更容易引起读者的共鸣。即便是写经济类文章，与其深入探讨复杂的经济模型和货币体系，不如关注物价上涨、房地产市场动态以及保险购买行为等与读者生活密切相关的问题，因为这些问题直接关系到读者的切身利益。

最后，要有鲜明的个人观点，但不要过于主观化。写文章最重要的是打造个人的风格，个人的风格就是一个标签。那么，如何去打造个人的风格呢？一般来说，可以从语言风格和观点入手，犀利的点评、幽默的文风、与众不同的切入点、另类而鲜明的个人观点，往往能够抓住读者的好奇心。在信息同质化越来越严重的大背景下，人们更倾向于接受那些具有独特性的事物。然而，鲜明的观点并不意味着就要盲目追求与众不同，或仅凭主观意愿行事而违背客观事实。考虑到信息的实用性和客观性，人们必须控制好尺度，避免自己犯下主观主义错误。

除了以上几点之外，写文章的人要注意保持一个固定的输出频率，即写文章的时间和节奏要控制好，尽量保证每天或者每周都有内容更新出来，从而保证拥有持续的引流能力。

解决跨地域的购物难题：
代购

随着社会的开放、互联网的发展和交通的进步，地球村的概念逐渐深入人心。然而，地域之间的限制仍旧是影响贸易的一个重要因素。以购买 LV 等奢侈品为例，尽管国内一、二线城市的商场和专卖店有售，但是价钱往往高于国外，款式选择也可能较为有限。为了满足自己的购物需求，许多人选择亲自前往国外购物，但是签证、护照、机票、酒店等办理起来相当耗费时间和精力，而且对于多数人来说，这样的高成本是难以承受的。于是，代购成为一种理想的解决方案。

代购通常涉及委托他人购买本地难以获取或价格不理想的商品，也有人为了节省时间而请人代为选购心仪产品，或是因为对产品信息不熟悉，担心受商家欺骗而寻求帮助。无论是出于什么目的，代购的存在都为人们提供了一种新型的购物方式，它可以帮助人们更好地节约成本。

随着生活水平的提升和互联网技术的推进，人们对于代购的需求越来越大，从奢侈品到日用品，人们都倾向于通过代购来购买。这也是为什么越来越多的年轻人开始从事代购工作，将其作为一种副业项目。不过，代购并不是简单地帮别人买东西，它需要掌握更多的技巧，并建立一整套完善的服务体系。

第一，购者需要对行业进行基础了解，甚至对客户群体也要有足够的认识。例如，在代购市场上，很大一部分需求来自女性消费者，她们是代购行业的主力军。因此，在发展代购业务时，首先要对女性市场有所了解。这种了解包含了几个方面：女性消费者往往追求最新款的化妆品或名牌包袋，因此市场和生意相对稳定；限量版或独特商品更受女性欢迎，可作为利润最大化的切入点；

大多数寻求代购的消费者较为急切，只要价格略低于国内专业店，便能吸引她们；而且，喜欢代购的女性消费群体正逐渐年轻化，年轻女性比年长女性更倾向于使用代购服务，并且消费金额更高。

只有对市场和行业有更加深刻的理解，及时了解市场的信息动态，把握市场发展的趋势和规律，我们才能在代购的时候真正把握好客户的需求。

第二，要注意提升自己的工作素养。代购行业竞争激烈，竞争对手有很多，因此必须保持良好的服务态度，并且确保自己代购的产品均为正品。代购不能仅仅充当一个搬运工的角色，必须想办法提升自己的专业知识，对自己所要代购的产品有更深的了解，能够制定购物攻略并给予客户更中肯的建议。同时，能够识别产品的优劣并对市场上的产品进行对比，还要善于讲价。这都是赢得客户信任并为客户争取更多利益的关键。

比如，一位代购多年来一直坚持一个习惯，那就是每次到国外购物都会列出周边国家的产品价格清单，并研究各国的折扣优惠。为了避免买到假货，他专门去学习了关于正品和赝品的识别技巧，因此在多年的职业生涯中几乎没有发生过买到假货和次品货的现象。这为他赢得了良好的声誉，客户们都愿意从他这里代购心仪的产品。

第三，与客户建立起良好的社交关系，而不仅仅是生意上的往来关系。平时要多和客户聊天，寻找彼此之间的共同话题，推动关系向朋友关系发展，从而培养忠实的客户。比如，记住客户的生日、结婚纪念日，并在重要的节日赠送礼物；在客户需要时提供帮助，如帮忙介绍装修工人，推荐优秀的医生和学校，或者在客户情绪低落时给予安慰。

一位从事代购工作超过十年的人士，不仅代购产品，还为客户的留学子女提供各种帮助。逢年过节，她会把从国外带回来的一些有趣的小礼品送给客户。重要的是，无论客户是否为长期合作伙伴，她都会送出小礼品。正因如此，很多客户成了她的忠实客户，他们还推荐自己的亲朋好友让她帮忙代购产品。

第四，要注意对自己的客户进行分类。按照不同需求来划分客户群，这不仅便于管理购物和发货流程，而且在建立了特定客户群体后，我们能够对某一分类内的客户消费行为进行深入分析。比如，了解这些客户消费的金额位于什么区间，消费的额度是不是逐渐增加，偏好的产品档次和价位，以及消费高峰的时间段和最受欢迎的产品种类。

阮女士是一位资深的代购，尽管她的主要业务是经营一家化妆品店，但她多年来一直坚持从事代购工作。她在代购过程中特别注重资源的整合和信息的分类，她会定期整理每一个客户的详细信息，然后按照代购产品进行分类。她将购买化妆品的客户分成一类，购买服装和包包的客户分成一类，购买奶粉和零食的客户分成一类，购买马桶、铁锅、清洁剂等日用品的客户分成一类。分类之后，她就会针对性地进行分析，识别哪些产品最畅销，哪个年龄段的人最喜欢消费，然后针对这些信息定期调整自己的代购策略。

需要注意的是，在发展自己的客户群体时，要重点培养一批优质客户。这些优质客户在消费数量和消费金额上比普通客户更高，往往可以带来更高的利润。

在家里就可以接受教育：在线教育

随着社会的进步和经济的发展，国家对于教育越来越重视，在教育方面的投资也越来越大，教育产业由此不断扩大。数据显示，2017 年中国教育行业总体规模就达到了惊人的 7.79 万亿，而到了 2020 年，这一数字已突破 10 万亿的规模。值得注意的是，教育产业仍在经历高速增长期，教育投资市场亦日趋成熟。在这个大背景下，在线教育蓬勃发展，并且成为最近几年非常火爆的项目之一。

相比于传统的教育模式，在线教育的最大优势在于能够让学生在家接受名师的指导，这在一定程度上弥补了学校师资力量不足的问题。学生们无须前往补习班上课，也不用担心因地域差异导致的师资力量不平衡而错失更多的机会。一般情况下，很多贫困地区以及小地方的师资力量无法和经济富裕地区相比，这使得当地学生在教育上处于不利地位。而在线教育则让所有地区的学生都能享受到同等水平的教育资源。许多家长对此表示欢迎，因为这意味着自己的孩子在教学方面和其他学生站在了同一起跑线上。

很多人会将投资在线教育当成一个可靠的项目，事实也证明了在线教育投资拥有可观的利润和广阔的发展空间。第一，国家政策对于教育以及在线教育持支持态度。例如，2018 年 4 月，我国教育部就正式发布了《教育信息化 2.0 行动规划》，这一规划表明国家也期待着教育信息化的规模能够进一步扩大。第二，随着互联网的发展，在线教育的优势会不断凸显出来，市场需求会越来越大。在线教育是一个可以长期发展且拥有广阔前景的项目，毕竟教育始终受到重视，并且拥有庞大的市场。研究院曾进行过一次调研，其报告预测在未来几年内，在线教育用户规模将以约15%的年增长率持续增长，预计到2024年，在线教育用户数量将超过4亿，而在线教育产业的总体市场规模届时会突破4500亿元。

正因为拥有良好的发展环境和广阔的市场前景，人们纷纷将目光投向在线教育领域。通常，参与在线教育投资的途径主要有两个：一是投资创建在线教育机构；二是成为教育机构或平台上的讲师，甚至讲师有时也能成为在线教育机构的股东。

2023年，在国内某大企业从事人力资源管理工作的王先生偶然发现一个很普遍的现象：很多大学毕业生不知道自己以后要做什么工作，也不清楚应该如何规划和应对未来的工作，他们在职业选择、职业规划、职业技能学习方面缺乏准确的认知，并寄希望于通过外界的培训来提升自己的竞争力和通过职业教育来寻求新的就业机会。经过分析，王先生将目光聚焦在职业教育上。其实，职业教育并不是新鲜事物，国内的职业教育市场发育较早，但一直属于刚性需求。

而且随着中国经济的发展，职业教育的教学产品品类越来越丰富，越来越标准化，不过大部分职业教育仍然停留在线下教育的层面上，很多地方会设立一些教学机构，包括会计培训机构、公务员考试机构、IT技能培训机构，这些教学机构受限于地域因素，很难获得更多的市场。王先生敏锐地意识到在线职业教育的价值和发展前景，如果自己也能打造一个优秀的线上职业教育平台，那么就可以依靠网络效应和平台流量获取更多的客户资源。

不久之后，王先生辞掉了自己的工作，和几个朋友在某网络平台上开设了属于自己的职业教育网站，他们在网站上开设了十几个最受欢迎的职业教育品类，并和朋友亲自担任网站的讲师，毕竟他们都在大公司工作过，对行业发展、就业形势和专业知识都非常了解。

所有的讲师会将各自的授课视频录制下来，并且刻意划分了重点、难点和一些需要注意的课堂笔记，然后将这些课程定期发布到平台上。所有学科的课程只有前面两节是免费的，剩下的课程都是知识付费型的，学员想要购买这些课程，就需要支付每节课 2 元的费用，或者学生可以花费 500 元，成为网站的会员，会员可以免费观看该学期所有的课程。

由于这些讲师讲课内容生动活泼，而且能够深入问题进行分析，因此赢得了很多人的关注，并积累了第一批客户，第一年的营收就突破了 500 万元。讲师们几乎以零成本的方式赚取了比之前更多的钱，而更重要的是，随着知名度的提升，网站的规模也越来越大，很多知名的讲师也加入到团队中来，很快变成了拥有 50 位名师的超级教育团队。

如果说针对客户需求进行分类和精细化服务，有助于拓展业务和客户群，那么想要真正实现引流，还是要强化自身的实力。对于在线教育来说，它的核心仍旧是教育，因此回归教学和培训的本质，努力提升教学质量才是根本。一方面，要尽量打造名师队伍，打造精品课程，确保所有内容都经过精心打磨，保证课程内容的高端性和实用性，确保教学和培训内容与实际需求相符，真正引领社会需求。另一方面，要推动教学模式的创新，利用新的教学方法和技术工具，打造一个高效的具有吸引力的教学体系，帮助更多学习者和受训者掌握解决问题的方法。

做一个快乐的二手房东：
包租

房产无疑是众多中国家庭极为重视的资产之一。据统计，房产在中国家庭资产中的占比高达68%，在北京和上海，这一比例更是攀升至85%。尽管如此高的资产比重潜藏着风险，但民众对购房的热情依旧高涨。从某种意义上来说，房子就是中国老百姓的"心头肉"。

正因为如此，房地产投资始终是投资领域中的重要一环。即便是在房地产慢慢降温的大环境下，专职投资房产的人正在不断减少，也仍有众多家庭将房产投资视为重要的收入来源。然而，直接购买房产的成本太大，多数人并不具备这样的条件，加之以购房作为收入手段存在较大风险，因此租房作为一种更为普遍的房产投资方式逐渐兴起，其中包租模式尤为盛行。

包租就是指二手房东以较低价格从房产所有者手中租下房屋，经过简单装修后，以更高的租金转租给其他租客，从而赚取差价。通常情况下，包租的期限比较长，都是按照年来计算的，有些甚至长达数十年。

在中国，由于房价居高不下，越来越多的人开始选择租房，特别是在一、二线城市，许多人因经济压力无法购房，导致房屋租赁市场十分活跃，包租业务也变得十分普遍。许多二手房东以较低的价格从业主手中租下房屋，租期可能长达数年，然后将房屋出租给上班族或经济条件不足以购房的家庭。这些二手房东往往能够赚取比业主更多的收益。更为重要的是，通过包租获得的租金收入属于被动收入，几乎不需要投入额外的精力，便能获得可观的收益。

小陈是中关村一家科技公司的普通职员，早在2007年便洞察到了长租市场的巨大潜力。于是，在2008年金融危机爆发的时候，他和另外两个同事共同出资30万，租下了中关村附近的三套三室一厅的公寓，签订了为期十年的租赁合同，并一次性付清了全部租金。他们对这些公寓进行了精心改造，将每套公寓分割成七个独立房间，随后出租给了周边的上班族和北漂人士。这一策略使得他们每年的租金收入高达20多万元。尽管后来由于政策调整，公寓内的隔断房间不得不拆除，但得益于北京房地产市场的迅猛发展，房价和租金均持续攀升。目前，三室一厅的房子每个月的租金已经高达1.5万元，每套房子一年的收益超过20万元，三套房子每年会带来超过60万元的房租。在十年的时间里，小陈和他的同事通过出租公寓，每人赚取了超过两百万元的利润。

在北上广深这些一线城市和诸多二线城市中，有很多像小陈一样的"包租公"或者"包租婆"。他们能够在房屋租赁市场找到创收的机会，普通的投资者也一样可以。不过，想要将包租业务做大做强，想要将其打造成一个具有稳定收益的创收项目，就需要掌握一些经营的技巧和方法。毕竟只有掌握好规律和技巧，才可能在房屋租赁市场上站稳脚跟。

首先，要对当地的城市环境和房屋租赁市场进行基础调研：评估当地的经济发展水平、房价走势、就业率高低；分析本地的人口结构，判断外来人口的数量，以及他们是否能够支撑起一个繁荣的房屋租赁市场。通常情况下，经济繁荣、房价较高、就业率高、外来人口众多的城市和地区，房屋需求量大，出租更为容易。相反，如果一个地区的经济发展滞后，房价低廉，外来人口稀少，那么市场可能较为冷清，此时涉足包租业务可能难以获得理想的盈利空间。在条件允许的情况下，可以选择在房子位于低价时入手，这样就可以提升增值空间。从宏观层面来说，包租者更需密切关注行业动态和国家政策的变化，及时把握住那些影响房地产和房屋租赁市场的重要因素，确保自己能够顺应市场发展趋势。

其次，要找靠谱的中介签订一份长期合约。通过中介来寻找合适的房源（如地理位置不错，房东急于出租），并且在中介的撮合下与房东签订一份自己能接受的长期租赁协议，一般要签订五年或更长时间的合约。对于房东来说，他需要找到一个能长期帮助自己管理房子的人（尽管过长的租期可能会让房东感到不安）；而作为包租人，只要房源合适，租期越长，潜在收益也就越大。

最后，要对房子进行适当的装修。在包租业务中，除了支付给业主一笔租金之外，包租的人还要支付额外的钱来重新装修房子，以满足租房者的需求。而在装修的时候，包租者要谨记一个原则：轻硬装，重软装。硬装修如水泥、瓷砖、墙面和水电工程通常涉及大规模工程，成本较高，且不易给租客带来直接的感官体验，租客往往难以察觉材料质量和装修效果，而且擅自进行大规模硬装修可能会引起业主的不满。相比之下，软装饰如窗帘、灯饰、摆件和家具等更能吸引租客的眼球，通常能给租客留下深刻的第一印象。因此，将更多资金投入到软装上是明智的选择。

总之，包租人要控制好成本投入，同时确保房子有足够的溢价空间，以便更快回收成本并实现盈利。在经济条件允许或者在包租业务步入正轨的时候，可以选择扩大包租规模，从而赚取更多的租金。

风险偏好者的游戏：股票投资

炒股是一个非常普遍的创收方式，虽然最近几年股市行情并不景气，但对许多人来说，它依然是经营创收的重要选项。据 2020 年年初的统计数据显示，中国的股民已经突破一亿大关。这样庞大的股民数量，凸显了国民对于炒股的热衷。然而，事实上可能 99% 的中国股民并没有真正理解股票的本质，也不清楚如何提高炒股技巧，就盲目进入股市进行各种投资。比如，很多人知道炒股的秘诀就是"逢低买入，逢高卖出"，可是在具体操作的时候，往往出现"逢高买入，逢低卖出"的窘境。这主要是因为他们无法洞察股市的波动规律，无法判断何时为高点何时为低点，往往只能跟随他人做出错误的判断。

唐先生和妻子在县城里经营一家餐馆，收入颇丰。看到周围的亲戚朋友纷纷在市区购置房产，他们也萌生了购房的想法。但一想到市区动辄两三万的房价，两人便感到气馁。他们觉得目前还负担不起这样的高房价，于是打算拓宽渠道创收。听说炒股能带来丰厚的回报，有人甚至一年就赚了上百万，唐先生和妻子便拿出 50 万元的积蓄炒股。

由于缺乏任何经验，甚至连基本流程都不了解，唐先生只能求助于邻居帮忙开设账户，并跟随邻居进行操作。结果，短短一个月内，他们就亏损了 15 万元，这让唐先生深感懊悔。

因此，炒股绝不能轻率对待，必须保持足够的理性和专注。在自己不了解这个行业之前，一定要避免冲动行事。如果真的对炒股感兴趣，且期待着提高炒股的成功率，在股市中赚到更多的钱，那就一定要把握股市投资的一些要领。

第一，强化自身的学习，掌握更多的经验和技巧。依靠炒股赚钱虽然有一些运气的成分，但实际上也依赖一定的技巧和方法。如果不了解这些技巧，那么在炒股的过程中就容易盲目操作。通常，有意涉足股市的人应向经验丰富的投资者学习，比如从成功者那里学习有效的操作策略，从失败者那里了解如何避免风险。除此之外，投资者应接受系统的培训，这包括掌握基本的股市知识（如什么是K线，什么是平仓和出仓，怎样看开盘价格和收盘价格）和投资技巧（如什么时候购入股票，什么时候选择抛售，如何把握住股票投资组合，以及如何进行设置盈利目标和止损目标）。当然，实践是最好的老师，投资者应通过频繁交易来积累经验，提升技巧。

第二，要有独立思考和操作的能力。每个人的投资方法和理念都是独一无二的，不存在完美的投资模型，也没有绝对正确的投资理念和技巧。关键在于通过学习他人的经验和实践来形成自己的投资策略。为了实现这一点，投资者在思考和分析市场趋势，以及实际操作时，都应遵循自己的判断，避免轻易受他人影响，更不应依赖他人进行投资决策。

其实，股市是有规律可循的，但是这种规律需要自己去摸索。这样，投资者才能准确把握住规律，并利用规律来盈利和躲避风险。

第三，别人贪心的时候要害怕，别人害怕的时候要贪心。股市的现实是，只有少数人能够盈利，而大多数人则处于亏损状态。这就意味着，在股市博弈中，可能多数人都会犯错。了解到这一点，投资者应对股市环境有清晰的认识。例如，如果一只股票持续上涨，多数人都认为它会继续上涨并疯狂追加，那么我们就要保持理性和冷静，尽量早点抛售手里的股票。因为市场可能被庄家操纵，随后股价很可能会下跌。相反，如果一只股票持续下跌，多数人都在想办法抛售股票，那么此时可以选择入手，因为股价不久之后就会跌到谷底，然后触底反弹。在这种情况下，适当的贪婪，即在低价时购入股票，有助于提升盈利空间。

著名的投资人士霍华德·马克斯在其著作《投资最重要的事》中谈到了一个有趣的概念：第二层思维。在他看来，投资者通常分为两个层次：第一层和第二层。大多数人停留在第一层，面对相同的事件，往往持有相似的观点，并得出类似的结果。

然而，那些杰出的投资者则处于第二层。他们拥有不同于市场上普遍观点的思考模式，懂得针对大众的想法进行逆向思考，因此总是可以在投资领域把握住机会。对于炒股者来说，应该想办法脱离第一层思维，进入第二层思维。

第四，从少量投资开始。据统计，超过40%的股民属于月收入在3000元至5000元的工薪阶层。他们承受着较大的生活压力，希望通过炒股来改善经济状况，甚至有人梦想在股市中一夜暴富。然而，炒股具有一定的风险，即便是资深的炒股者，也可能会在投资当中失手。因此，普通投资者应该保持谨慎，初始投资应控制在较小额度，避免盲目增加投资额。只有通过实践积累经验，掌握更多的技巧，了解更多的规律，才能更好地控制投资的节奏。一旦掌握了投资技巧，了解如何选择股票以及何时买入和卖出，投资者可以逐步增加投入。

第五，注意及时止损，避免亏损扩大。对于多数炒股者来说，设定止损红线是必要的。简单来说，当亏损达到某个程度时，就要立即出售股票，避免股价继续下跌带来更大的亏损。一般来说，止损点或者止损红线的设定要以一个人的经济实力和承受能力为准：有的人以亏损20%为止损点，有的人则将50%的亏损作为止损点，极少有人将止损点设置在超过50%。对于一些长线投资的优质项目，可以暂时忽略短期亏损，止损点可以适当放宽。

以上几个要点兼顾了炒股的技巧以及对风险的掌控，非常适合新手使用。不过，需要注意的是，股市具有很多不可预测性，任何微小的市场变动都可能引起重大影响。人们需要对股市保持敬畏之心，哪怕积累了丰富的经验，也要保持理性和克制，不能被狂热的情绪左右。这是确保长期在股市中稳定盈利的关键。

后记

掌握财富增长的各个阶段

通常情况下，个人在面对商业决策时，会经历一系列心理变化。在不同的变化阶段，人们会面临不同的困难，需要解决不同的难题。对于企业家而言，若想真正使商业项目蓬勃发展，不仅需要了解项目的基本信息，还需要了解自己在不同阶段的经营状态，这样才能有针对性地采取不同的经营策略。

第一阶段是观望期。在这一阶段，人们对同行业的其他企业开始产生兴趣，特别是当他们看到有人获得成功时，便会更加关注这些项目。然而，由于自己对行业不够了解，往往不会轻易入局，而是选择观察一段时间，以判断自己是否适合进入这个行业，以及是否真的能够盈利。

第二个阶段是冲动期。当人们度过观望期之后，对于经营会充满各种幻想，诸如实现财富自由、社会地位提升、自我价值实现等。在满怀期望中，他们会冲动地采取行动，充满热情和活力地投入到经营中。但是，当新鲜感消退之后，他们便意识到经营中存在各种问题，例如对项目了解不足、工作与休息时间难以平衡、需要投入更多资金来维持副业运营，以及回报率并没有期待中的那么高。很多人常常会在冲动期就放弃上述项目的经营，并且更换其他的项目继续尝试。

第三个阶段是努力坚持的阶段。在这个阶段，他们会保持积极的工作态度，努力克服现实中的各种困难，合理分配资源和时间。尽管压力接踵而来，但他们对未来充满了信心，坚信自己可以克服困难，将项目做好。这个阶段是个人发展和进化的阶段，他们会认定一个目标，然后不断督促自己坚持下去，走到最后。

第四个阶段是自我怀疑阶段。这个阶段往往会质疑自己最初的选择，比如自己是否选错了项目，投入和产出是否不成比例，坚持下去是否会得到理想的结果。在这个阶段，经营者会对自己的能力和选择产生怀疑，同时开始寻求其他的渠道，寻找更有前景的机会。

第五个阶段是起伏和动荡期。这个阶段最典型的特征是生意的不稳定、收入的波动。经营者在经历自我怀疑后，可能突然谈成了一笔生意，获得了一笔可观的收入；可是，好不容易建立起信心时，在接下来很长一段时间，项目又陷入低谷，长期没法获得收入。这种波动是因为尚未完全掌握项目经营的规律，市场尚未打开，他们需要更加努力地稳定市场和客户基础。

第六个阶段是稳定期。在这个阶段，人们已经度过了起伏动荡的时期，整个项目的营收开始稳定下来，并且开始持续增长。市场不断被开拓，影响力逐步增加，这个时候人们可以预测未来一段时间的发展状况和营收额，对于风险的控制也越来越强。这个时候，人们不用担心该项目会成为负担，而是需要考虑如何才能实现进一步发展，因此需要优化成本结构、增强创新能力、提升服务质量，以确保项目的持续稳定。

第七个阶段是衰退期。进入这个阶段，项目已接近生命周期的尾声。发展的红利已经消失了，项目的营收能力不断下降，甚至开始出现亏损，人们无法像过去那样获得符合期望的收入。此时，人们需要考虑放弃这个项目，并寻求新的项目和发展机会。项目经营的衰退可能是由于管理不善、激烈的市场竞争，或是项目本身进入衰退期。例如，一些打车软件已经过了红利期，开始进入衰退阶段，收益不再像过去那样丰厚。

了解经营过程中常见的几个阶段之后，人们就需要对照自己的项目，查看自己所处的环境与状态。弄清楚自己在经营项目的时候处于什么样的阶段，内心的状态是怎样的，就能有针对性地做出调整。

比如，对于那些处于观望阶段的人而言，关键在于激励自己迅速采取行动。因此，他们需要给自己设定一个美好的发展愿景，坚信通过参与该项目能够赚取更多财富，提升社会地位，实现往昔的梦想。同时，他们还必须尽可能降低开始的难度，选择一些比较容易上手的项目，并直接制定相应的规划。

对于处于冲动期的人来说，必须想办法给自己一些信心。为了加强行动力，他们需要制定一个发展目标，并将其逐步细化，确保每个阶段的目标都显得切实可行。在必要的时候，要认真记录自己每一次的成功和每一个小目标的实现，增强自我效能感，同时列出可能出现的风险和挫折，提前做好准备。为了让自己更加努力，他们需要反复提醒自己，这个副业对自己的人生非常重要。不仅如此，他们还需要给自己设定一个榜样或者寻找一个合伙人，通过他人的表现来激励自己继续下去。

对于处在努力坚持阶段的人来说，他们需要给自己更多的安全感。因此，要有明确的可视化的流程，并经常监督、回顾和反省自己的流程，确保不会偏离方向和目标。一般来说，可以寻找一个导师来指导自己的行动，依靠导师的经验来拓展自己的事业。在这个阶段，人们要保持踏实的工作态度，同时不忘借助目标来激励和引导自己。考虑到坚持不易，人们需要在自己取得一些成就时，及时给予一些奖励，比如购买一件心仪已久却迟迟未买的衣服。

对于处在自我怀疑阶段的人来说，最重要的是重申工作的愿景。因此，他们需要强化工作的动机，消除自我怀疑，进一步确认奋斗的方向，并且通过他人的积极反馈来审视自己，避免自己在奋斗的过程中迷失方向。为了避免产生"成功遥遥无期"的感觉，他们需要想办法压缩回报周期，比如原本的阶段目标是完成一个月1万元的销售额，那么在完成6000元时就记录下来，并给予自己适当的奖励。

对于处在起伏动荡期的人而言，保持坚定的信念和意志，建立正面的积极的情绪非常重要。他们需要时刻提醒自己"任何起伏动荡都是正常的"。在必要的时候，可以寻找一个经验丰富的导师来引导自己，这些导师有着丰富的经验来克服这一阶段的心理问题；或者观察他人是如何度过这个阶段的，通过对照的方式寻求解决问题的方法。他们还要做好时间管理，聚焦那些关键事务，不要被一些繁杂的琐事消耗过多的精力和能量。

对于位于稳定期的人来说，工作形势变得非常明朗，收益和风险都变得更容易预测。在这种情况下，人们要做的就是提升技术、丰富产品线、扩张市场、提升产品和服务质量，以延长整个稳定期。这一阶段的人要保持敏锐性，要具备精确的预测和观察能力，要预测衰退期到来时间并培育新的发展机会，从而在衰退期到来的时候顺利实现过渡。除此之外，人们需要及时调整自己的愿景和目标，避免骄傲自满和懈怠情绪出现。

对于位于衰落期的人来说，尽快找到新的项目和发展机会非常重要。任何行业都有自己的衰退期，任何一种项目都不可避免地会被时代淘汰，人们需要培育更好的机会，以应对即将到来的危机。在这一阶段，项目已经岌岌可危，因此在找到合适的新机会时，要尽快实施自己的新计划，经营新的项目，不要犹豫不决或留恋过去。

了解经营的七个阶段，并提出经营管理上的对策，对于经营者来说至关重要。本书所强调的项目经营技巧和方法，所强调的项目经营的理念，所推崇的一些思维方式，最终都应该结合这七个阶段的心理状态来进行讨论。如果说有关经营的方法和理念的阐述是横向的拓展，那么对于经营阶段的阐述则是一种纵向的讨论，只有将纵向与横向结合起来，才能在实践操作中形成一个更为完整的经营体系。